Sommario

PHP: Sviluppo Web Lato Server

Premessa

Tutti i giorni ci svegliamo e siamo ormai circondati da tanta tecnologia, in particolare il Web ricopre un ruolo fondamentale: usiamo un sito Web per controllare la posta elettronica, un altro sito per le previsioni meteorologiche, un altro ancora per decidere dove andare in vacanza ecc.

Tutto questo ci fa capire quanto sia davvero importante per un'azienda o un'attività commerciale avere una vetrina sul mondo a cui esporre i propri servizi. Migliore sarà la vetrina, migliore sarà l'esperienza dell'utente che potrà, quindi, diventare un cliente. Molti di questi siti Web utilizzano PHP, un linguaggio di scripting progettato essenzialmente per generare contenuti HTML. Esistono milioni di siti Web che usano PHP e probabilmente avrai sentito parlare di CMS come Wordpress o Joomla, anche loro usano PHP.

Si tratta di un linguaggio abbastanza maturo, essendo nato nel 1994, che offre molte funzionalità importanti per il Web come la possibilità di creare grafici, creare PDF o integrare un database Oracle o MySQL. Si tratta di un linguaggio particolarmente apprezzato per la sua facilità d'uso, avendo una curva d'apprendimento davvero bassa, scalabilità ma anche perché trattandosi di un software open-source gode di un ottimo supporto della community.

PHP è uno tra i tanti linguaggi usati server-side per la creazione di pagine Web, infatti, attraverso un parser e un server Web è possibile integrare codice PHP al nostro HTML. Questo non è l'unico modo in cui poterlo usare, infatti, è possibile eseguire script da riga di comando per amministrazione di sistema o eseguire dei CRON (attività schedulate) oppure è possibile usare PHP per la creazione di interfacce per l'utente tramite alcune librerie come PHP-GTK. In questo libro ci concentreremo sull'utilizzo del linguaggio lato server che è l'utilizzo principale per i nostri lettori e, soprattutto, forniremo molti esempi ed esercizi per acquisire confidenza con il linguaggio e con la sua sintassi.

Grazie alla sua portabilità e al supporto della community di sviluppatori è possibile usare PHP su tutti i sistemi operativi e con tutti i principali Web server, compatibilità estesa anche a tutti i principali database, sia di tipo SQL che noSQL.

A chi si rivolge il libro

Questo libro si rivolge principalmente a sviluppatori Web e siamo sicuri che attraverso un po' di teoria e tanti esercizi apprezzerai la flessibilità, la praticità e la velocità di questo linguaggio. Il libro è principalmente destinato agli utenti che non conoscono questo linguaggio e non è richiesta una conoscenza approfondita della programmazione Web né dei database. La conoscenza di HTML e CSS è fondamentale in modo da apprendere subito e al meglio il linguaggio PHP per potersi concentrare sulla sua sintassi. Alla fine di questo libro sarai in grado di creare la tua piccola applicazione in PHP, che con impegno e dedizione potrà divenire un e-commerce, un plugin per Wordpress, un'applicazione interamente scritta in PHP con interfaccia utente in PHP. Questo è il bello del nostro lavoro: puoi creare tutto quello che vuoi (o quasi), basta essere tenaci e curiosi. La tenacia ti spinge a non abbandonare mai la barca anche se in alto mare, la curiosità ti spinge verso nuovi mondi da esplorare e nuove soluzioni da adottare. Questo è il tipo di programmatori che ci piacciono.

Dov'è il codice?

Nella stesura del libro troverai spesso riferimenti a codice HTML e PHP.

Evidenzieremo con il font `monospaziato` e con colori diversi sia il codice HTML che quello PHP. In questo modo esalteremo le parole chiave per un apprendimento ancora più rapido e vicino agli IDE che utilizzerai.

Un blocco di codice HTML si presenterà con questo stile:

```
<html>
<head>
    <title>Ciao Mondo</title>
</head>
<body>
    <?php echo "Ciao, mondo!"; ?>
</body>
</html>
```

Un blocco di codice PHP si presenterà così:

```
<?php
    $a = 3;
    function somma()
    {
    $a += 2;
    }


    somma();
?>
```

Input e Output da riga di comando si presentano nel seguente modo:

sudo apt-get install php5 libapache2-mod-php5 php5-mcrypt

Termini nuovi, parole importanti, cartelle o directory ed elementi dell'interfaccia sono riportati in *corsivo*.

Requisiti

Il linguaggio PHP è destinato a programmatori Web pertanto è fondamentale conoscere il linguaggio di markup HTML, in modo da sapere cos'è un tag, cosa sono le sezioni *head* e *body* e le differenze tra loro. Inoltre è preferibile che il lettore che si appresta a conoscere ed utilizzare PHP sappia cosa sono i CSS, sappia usarne le proprietà anche se a livello basico così come è preferibile conoscere JavaScript.

Questi requisiti sono soltanto un nostro consiglio ma se non avete le conoscenze descritte potete comunque continuare la lettura, probabilmente qualche passaggio lo dovrete rileggere o fare una breve ricerca per afferrare meglio il concetto.

Non è fondamentale sapere già cosa è un web server né come installarlo dato che andremo a spiegare tutto ciò nei primi capitoli del libro.

Le basi

PHP è un linguaggio di scripting che serve per creare pagine Web dinamiche, gestire dei file, accedere ai cookie del browser ed infine accedere ai database più usati. Tutto questo grazie ad una sintassi semplice e facile da imparare, con una produttività molto alta e tutto in nome della portabilità. Andiamo ad analizzare meglio di cosa si tratta.

Cos'è PHP?

PHP è l'acronimo di *PHP Hypertext Processor* e da già questo si capisce che si tratta di un linguaggio interpretato. In realtà si tratta di un linguaggio di scripting molto usato lato server ma che può essere usato anche lato client grazie ad alcune librerie. E' un software open-source quindi gratuito, facile da installare e chiunque può contribuire allo sviluppo del progetto.

PHP è davvero molto diffuso infatti basta pensare che molti CMS come Wordpress, Joomla, Drupal sono scritti in questo linguaggio perciò sono moltissimi i siti Web che lo usano tra i quali anche Google, Facebook, Amazon e Youtube ecc.

Data la sua età (nato nel 1994) PHP ha subito diversi cambiamenti che sono stati il frutto di varie *release*: le più diffuse oggi sono la versione 5.6 e la versione 7. La versione 5.6 è stata rilasciata nel 2014 ed è la

10

versione che usano ancora molte applicazioni dato che la migrazione alla versione 7non è assolutamente priva di sforzi. La versione 7 infatti è stata rilasciata nel 2015 e si tratta di una *major release* che porta con sé diverse novità: è molto più veloce della 5.6, migliore gestione delle eccezioni, nuovi operatori e tanto altro.

In questo libro useremo la versione 7 in quanto ultima in ordine cronologico e con molte novità e strumenti che semplificano la vita di noi programmatori.

A breve analizzeremo nel dettaglio vantaggi e svantaggi di PHP facendo anche un confronto con altri linguaggi che probabilmente conosci già ma adesso vediamo dove e come interviene PHP in tutti i siti che visitiamo. Molte applicazioni Web sono composte da un client (per esempio il tuo PC) che invia delle richieste ad uno o più server. Il server decodifica le richieste nel nostro caso tramite PHP ed invia la risposta al client tramite pagina HTML, JSON o XML. In questo modo il browser interpreta la risposta del server e la mostra all'utente.

Pensiamo al login su Facebook per esempio: il nostro browser farà una richiesta al server tramite il protocollo HTTP con le nostre credenziali, il server verifica le credenziali e, se corrette, ci farà proseguire verso l'homepage di Facebook altrimenti ci restituirà un messaggio d'errore.

La differenza tra PHP e altri linguaggi di scripting, come JavaScript per esempio, consiste nell'esecuzione lato server del codice che non consente a malintenzionati o anche all'utente finale di esplorare le istruzioni eseguite o da eseguire.

Essendo stato progettato per il Web questo linguaggio ci permette di utilizzare le richieste HTTP in modo davvero semplice tanto che recuperare i dati dal nostro database o scriverli al suo interno sarà davvero facile. Purtroppo anche PHP ha vantaggi e svantaggi, andiamo a vederli nei prossimi paragrafi.

Vantaggi di PHP

I vantaggi di PHP sono molteplici a partire dalla sua portabilità ovvero si tratta di un linguaggio che può essere eseguito su molte piattaforme (Windows, Mac, Linux, Unix ecc). Questa stessa portabilità si può riscontrare sulla compatibilità con quasi tutti i principali Web server, evidenziando ed elogiando il lavoro intenso e produttivo svolto dalla community.

La community svolge un ruolo fondamentale dato che revisiona e potenzia il linguaggio open-source ad ogni nuova versione, focalizzandosi sulla semplicità d'uso e sviluppando una miriade di librerie e framework davvero molto usati come Laravel, CodeIgniter, CakePHP.

Il lavoro della community si nota anche riguardo la sicurezza delle applicazioni Web sviluppate con PHP, il quale consente di prevenire attacchi malevoli alla nostra applicazione.

Svantaggi di PHP

PHP sembra non presentare molti punti a suo sfavore ma nonostante ciò è possibile evidenziare una scarsa modularità nella progettazione del linguaggio pertanto potrebbe essere difficile gestire grandi applicazioni tramite PHP.

Un altro aspetto negativo è la cosiddetta *tipizzazione debole* che si verifica se un linguaggio consente un'operazione che ha operandi di tipo diverso. Per questo è fondamentale prestare attenzione alle conversioni di tipo soprattutto adesso che stai per imparare il linguaggio. Questa tipizzazione può portare ad errori non previsti dato che PHP associa automaticamente un tipo di dati alla variabile, puoi aggiungere una stringa a un intero senza causare un errore. A partire da PHP 7 si è cercato di limitare questi casi tramite delle dichiarazioni di tipo che consentono di generare un errore in caso di mancata corrispondenza di tipo per una funzione.

L'ultimo punto a svantaggio di PHP ma che sostanzialmente è insito nella natura open-source di ogni prodotto/linguaggio è la sicurezza perché nonostante l'impegno della community, chiunque può avere accesso al codice, individuare delle vulnerabilità ed infine sfruttarle per degli attacchi malevoli. Immagina quanto sia grande l'impatto che può avere una vulnerabilità all'interno di PHP se sfruttata per attacchi a Wordpress, Joomla o altri CMS.

Da questi aspetti deriva la necessità di aggiornare periodicamente sia la versione di PHP sia la versione del CMS usato per ogni sito Web. E' purtroppo noto che a volte l'aggiornamento di una versione comporta delle modifiche al vostro codice ma è fondamentale per la sicurezza così come per le prestazioni e per i nuovi strumenti che vengono messi a disposizione.

Dopo aver compreso gli aspetti principali vediamo cosa ci serve per poter iniziare a programmare in PHP. Avremo bisogno di un server Web, un editor di testo e di un database.

Riguardo il server Web ci sono diverse soluzioni possibili a seconda del sistema operativo di cui disponiamo ma considerata l'interoperabilità del linguaggio possiamo usare *Apache* o *Nginx,* che sono tra i più usati. Per le nostre installazioni e per i nostri esempi useremo Apache come Web server. Anche per l'editor di testo è possibile usare quello che ci piace di più, probabilmente i più diffusi sono Notepad++ (solo per Windows), Atom e Sublime.

Ambiente di sviluppo

Per la creazione dell'ambiente di sviluppo abbiamo due scenari possibili: usare un software per l'installazione automatica di tutto il necessario oppure installare tutto il necessario manualmente.

Dato che per ogni sistema operativo l'installazione manuale è differente e coinvolge diversi elementi (web server, PHP e database) abbiamo optato per una soluzione più rapida ed efficace dato che l'obiettivo è più imparare il linguaggio e non solo come configurare una macchina.

Ci sono diversi software a disposizione, alcuni *cross-platform* come *AMPPS* e *XAMPP* altre disponibili solo per alcune piattaforme come *WAMP* (solo Windows) e *MAMP* (solo Mac e Windows). Di seguito le analizziamo brevemente per capirne le differenze:

- AMPPS: è un pacchetto che compre Apache, MySQL, PHP, Python e Softaculous (che serve per installare Web app in un sito internet). E' un pacchetto completo che predispone un pannello di amministrazione e l'installazione rapida di alcuni dei più famosi CMS;

- WAMP: comprende Apache, MySQL e PHP e consente di abilitare facilmente le estensioni di Apache e PHP;

- XAMPP: è uno dei più usati anche perché indipendente dal sistema operativo e abbastanza minimale ma consente l'installazione rapida dei principali CMS;
- MAMP: nato per Mac ma poi esteso anche a Windows comprende Apache, MySQL, PHP, Python e Perl.

In questo libro vedremo un'installazione standard di XAMPP e come eseguire un file con estensione *.php*:

Innanzitutto scaricare dal sito https://www.apachefriends.org/it/index.html il file di installazione per la propria piattaforma. Dopo averlo scaricato lanciare l'installazione e seguire la procedura guidata:

Verrà chiesto quali componenti installare (lasciate tutto selezionato), lasciate la cartella di default per l'installazione e completare l'installazione aprendo il pannello di controllo.

Vi troverete davanti ad un pannello da cui è possibile gestire tutte le componenti fondamentali per il nostro sito Web, clicchiamo su Start per Apache e MySQL per consentire l'esecuzione dei nostri script e poter utilizzare il database per accedere/scrivere i nostri dati.

Se l'installazione è andata a buon fine vedremo un pannello di questo tipo:

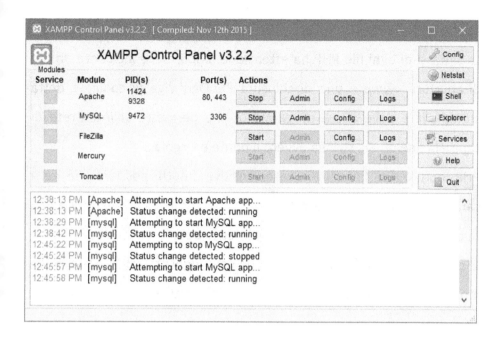

Nella cartella di default definita nell'installazione troverete una cartella *htdocs* che si riferisce al web server. In questa cartella possiamo inserire i nostri file con estensione *.php* e per verificare che tutto funzioni apriamo il browser web e digitiamo *localhost*. Il browser mostrerà la lista di file memorizzati nella cartella *htdocs* e cliccando sul nostro file PHP verrà eseguito lo script definito.

Possiamo definire delle sottocartelle a cui possiamo accedere tramite il browser, ad esempio creando la cartella di nome *scriptPHP* possiamo accedere dal browser tramite l'URL *localhost/scriptPHP*.

Statement e variabili

La sintassi di ogni file PHP ha estensione *.php* e deve includere un tag di apertura *<?php* e uno di chiusura *?>*. Ogni riga di codice è detta *statement* e deve avere un carattere che permette all'interprete di capire la fine di una stringa ovvero il punto e virgola *;*.

PHP non è un linguaggio case-sensitive infatti possiamo usare i caratteri maiuscoli o minuscoli indifferentemente ma è comunque una buona prassi avere una coerenza all'interno del codice scritto.

E' possibile definire un commento su linea singola tramite con i prefissi *#* o *//* mentre un commento su riga multipla inizia per */** e termina per **/.*

Di seguito riportiamo un breve script PHP:

```php
<?php
    // Definisco una variabile
    $colore = "bianca";
    echo "La mia casa è " . $colore;
?>
```

Nello script riportato abbiamo definito una variabile a cui abbiamo assegnato una stringa che contiene il valore *bianca*. Dato che PHP è un linguaggio con tipizzazione debole potremmo anche attribuire un nuovo valore a questa variabile, ad esempio un valore numerico. In questo senso PHP 7 ha introdotto delle novità che vedremo a breve.

Per mostrare i dati sullo schermo abbiamo usato la funzione *echo* e la concatenazione quindi sul nostro schermo vedremo la frase *La mia casa è bianca.*

Ogni variabile ha un contesto o un ambito di azione detto *scope* ed in PHP ne esistono tre tipi diversi: globale, locale e statico. Una variabile con scope globale e dichiarata all'esterno di una funzione può essere usata solo all'esterno della funzione:

```php
<?php
    $x = "Prova"; // scope globale

    function test() {
        // usando la variabile x, genererà un errore
        echo "Variabile x nella funzione vale: $x";
    }
    test();

    echo "Variabile x fuori dalla funzione vale: $x";
?>
```

In questo caso il valore di *$x* all'interno della funzione sarà nullo perché non è possibile referenziare la variabile definita, al contrario di una variabile con scope locale:

```php
<?php
    function myTest() {
        $x = "Prova"; // scope locale
        echo "Variabile x nella funzione vale: $x";
    }
    myTest();

    // usando la variabile x, genererà un errore
    echo "<p>Variabile x fuori dalla funzione vale: $x</p>";
?>
```

Analizziamo adesso l'ultimo tipo di scope ovvero quello statico. Di solito in PHP dopo aver eseguito una funzione viene eseguita una pulizia delle variabili che non sono più necessarie a meno che non siano definite tramite la parola chiave *static*.

Definiamo una funzione che incrementa semplicemente una variabile in modo da usare e vedere come funziona una variabile con scope statico.

```php
<?php
    function conta() {
        static $x = 0;
        echo $x;
        $x++;
    }


    conta();
    echo "<br>";
    conta();
    echo "<br>";
    conta();
?>
```

Il seguente codice è integrato in una pagina HTML nel suo tag *body* in modo che faccia parte della sezione dedicata alle componenti visibili di una pagina Web. In questo caso il risultato sarà una pagina Web contenente 0,1,2 su righe distinte.

In PHP esistono diversi tipi di dati infatti oltre ai dati primitivi come *String, Integer, Float* e *Boolean* che vedremo nel corso del libro esistono anche tipi più interessanti come *Array, Object, NULL, Resource.*

24

Per verificare il tipo di dato di una variabile è possibile usare il metodo
var_dump(variabile):

```php
<?php
    $x = "Prova!";
    var_dump($x);
    echo "<br>";
    $x = 5;
    var_dump($x);
    echo "<br>";
    $x = 5.2;
    var_dump($x);
    echo "<br>";
    $x = true;
    var_dump($x);
    echo "<br>";
    $x = array("Mela","Pera","Fragola");
    var_dump($x);
    echo "<br>";
    $x = null;
    var_dump($x);
?>
```

L'output di questo blocco di istruzioni sarà composto dal tipo della variabile $x seguito dal suo valore, il tutto su righe diverse poiché stampiamo un'interruzione di riga (elemento *
 HTML)*:

```
string(6) "Prova!"
int(5)
float(5.2)
bool(true)
array(3) { [0]=> string(4) "Mela" [1]=> string(4) "Pera"
[2]=> string(7) "Fragola" }
NULL
```

Array

Cos'è un array? E' semplicemente un contenitore di più elementi che possono anche essere di tipo diverso tra loro. Nell'esempio precedente abbiamo creato una variabile che contiene il nome di diversi frutti, possiamo in qualsiasi momento accedere a quei dati o usarli per effettuare dei cicli.

Per creare un array in PHP usiamo la funzione *array()* e abbiamo diversi tipi di array a seconda delle necessità. Presumiamo uno scenario tipico dove vogliamo memorizzare dei frutti in una variabile e successivamente accedervi tramite indice:

```php
<?php
    $frutta = array("Mela","Pera","Fragola");
    echo "I frutti che conosco sono: " . $frutta[0]
. ", " . $frutta[1] . " e " . $frutta[2] . ".";
?>
```

Come puoi notare abbiamo creato una variabile di tipo array e abbiamo successivamente recuperato i valori assegnati tramite un indice. Nota bene che PHP, come altri linguaggi di programmazione, ha la numerazione degli indici che parte da 0 quindi l'indice del primo elemento (in questo caso *Mela)* sarà 0. Inoltre possiamo notare che per concatenare delle stringhe si può usare il punto perciò prestare attenzione tra punto inteso come concatenazione di stringhe e punto all'interno di una stringa.

L'output di questo script è:

I frutti che conosco sono: Mela, Pera e Fragola.

Un altro tipo di array disponibile in PHP associa ad una stringa un valore creando un *array associativo*. Un array di questo tipo si ha quando ad ogni persona associamo la sua età:

```php
<?php
    $eta   =   array("Francesco"=>"22",   "Ada"=>"15",
"Marco"=>"30");
    echo "Marco ha " . $eta['Marco'] . " anni.";
?>
```

Un array di questo tipo può anche essere definito in modo meno conciso così:

```php
<?php
    $eta['Francesco'] = "22";
    $eta['Ada'] = "15";
    $eta['Marco'] = "30";
    echo "Marco ha " . $eta['Marco'] . " anni.";
?>
```

L'ultimo tipo di array che affrontiamo è il più complesso ovvero un array a più dimensioni infatti si tratta di un array che contiene altri array. Per capire meglio questo tipo di struttura facciamo finta di essere un fruttivendolo e di volere una tabella che rappresenti questa situazione:

Nome frutto	Acquistati	Venduti
Mela	20	15
Pera	10	5
Fragola	10	10

Questa rappresentazione (anche detta matrice) può essere riassunta con array di array:

```php
<?php
    $frutta = array
      (
      array("Mela",20, 15),
      array("Pera",10, 5),
      array("Fragola",10, 10)
      );

      echo        $frutta[0][0]."  :        Acquistati:
".$frutta[0][1].   " Venduti:   "  .  $frutta[0][2]  .
"<br>";
      echo        $frutta[1][0]."  :        Acquistati:
".$frutta[1][1].   " Venduti:   "  .  $frutta[1][2]  .
"<br>";
```

```php
echo      $frutta[2][0].":        Acquistati:
".$frutta[2][1].  "  Venduti:  "  .  $frutta[2][2]  .
"<br>";
?>
```

In questo caso accediamo agli elementi come nel gioco della battaglia navale muovendoci per righe e colonne infatti accediamo alla variabile *frutta* con due indici, il primo relativo alla riga, il secondo relativo alla colonna.

Operatori e costrutti base

In PHP sono disponibili i comuni operatori aritmetici, comparazione, incremento / decremento e operatori logici. Vediamo questi operatori molto velocemente soffermandoci sui più particolari:

```php
<?php
    //Operatori aritmetici
    $x = 15;
    $y = 6;
    $somma = $x + $y;
    echo ("Somma:" . $x + $y . "<br>");
    echo ("Somma: $somma <br>");


    echo ("Sottrazione: " . ($x - $y) ."<br>");


    $molt = $x * $y;
    echo ("Moltiplicazione: $molt<br>");


    $div = $x / $y;
    echo ("Divisione: $div<br>");


    $mod = $x % $y;
    echo ("Modulo: $mod<br>");
    $esp = $x ** $y;
    echo ("Esponente: $esp<br>");
?>
```

L'output sarà il seguente:

```
Warning: A non-numeric value encountered
Somma: 21
Sottrazione: 9
Moltiplicazione: 90
Divisione: 2.5
Modulo: 3
Esponente: 11390625
```

E' interessante notare la prima e seconda riga infatti PHP non consente la concatenazione di stringhe e operandi, per poter ovviare a questo problema è necessario storicizzare in una variabile il risultato oppure usare le parentesi come è stato fatto per la sottrazione.

Nei nostri programmi può essere utile comparare dei valori e talvolta comparare anche il tipo di alcune variabili pertanto analizziamo questi operatori:

```php
<?php
    $x = 100;
    $y = "100";
    $z = 10;

    var_dump($x == $y);   // ritorna true perchè i valori
sono uguali
    echo "<br>";
```

```php
    var_dump($x === $y); // ritorna false perchè i valori
sono uguali ma il tipo è diverso
    echo "<br>";

    var_dump($x != $y);   // ritorna false perchè i valori
sono diversi
    echo "<br>";

    var_dump($x !== $y);  // ritorna true perchè le
variabili non sono dello stesso tipo
    echo "<br>";

    var_dump($x > $z);     // ritorna true perchè $x è
maggiore di $z
    echo "<br>";

    var_dump($x >= $z);    // ritorna true perchè $x è
maggiore di $z
    echo "<br>";

    var_dump($x < $z);     // ritorna false perchè $x è
minore di $z
    echo "<br>";

    var_dump($x <= $z);   // ritorna false perchè $x è
minore di $z
    echo "<br>";
```

```php
    echo ($z <=> $x); // ritorna -1 perchè $z è minore di
$x
    echo "<br>";

    echo ($x <=> $y); // ritorna 0 perchè i valori sono
uguali
    echo "<br>";

    echo ($x <=> $z); // ritorna +1 perchè $x è maggiore
di $z
?>
```

L'output di questi operatori è il seguente:

```
bool(true)
bool(false)
bool(false)
bool(true)
bool(true)
bool(true)
bool(false)
bool(false)
-1
0
1
```

Completiamo gli operatori con quelli di incremento / decremento e gli operatori logici. Tutti questi operatori ci consentono di definire delle condizioni da valutare per i costrutti che vedremo a breve.

```php
<?php
    $x = 10;
    $y = 20;
    echo ++$x . "<br>";
    // $x vale 11
    echo $x++ . "<br>";
    // $x vale 12
    echo --$x . "<br>";
    // $x vale 11
    echo $x-- . "<br>";
    // $x vale 10


    // Equivale a $x == 11 && $y == 20
    if ($x == 11 and $y == 20) {
        echo "Condizione 1 verificata <br>";
    }


    // Equivale a $x == 10 or $y == 20
    if ($x == 10 || $y == 20) {
        echo "Condizione 2 verificata <br>";
    }


    if (!$z) {
        echo "La variabile z non è definita";
    }
```

Gli operatori di incremento / decremento sono abbastanza intuitivi infatti aggiungono / sottraggono il valore di 1 unità e l'operatore può essere prefisso o suffisso. *++x* indica prima effettua l'incremento e successivamente usa il valore, *x++* indica usa il valore e poi incrementa il valore.

Gli operatori logici *and* e *or* anche detti operatori booleani instaurano una relazione tra due o più proposizioni in modo che il risultato sia un valore vero o falso. L'operatore *not* (!) restituisce vero solo se la variabile che lo segue ha un valore di falsità, nota bene che anche *NULL* è un valore di falsità.

Costruiamo un po' di logica in modo da avere più familiarità con il linguaggio e creare delle condizioni basilari ma più articolate. Esamineremo alcuni costrutti come *if...else, switch, while, for* per creare condizioni o cicli.

```php
<?php
    $frutta = array("Mela","Pera","Fragola", NULL);
    $arrlength = count($frutta);


    for ($i = 0; $i < $arrlength; $i++) {
      if (!$frutta[$i]) {
        echo "Valore con indice $i non valido";
      } else {
        echo "Frutto n. ". ($i+1) . ": $frutta[$i]
<br>";
      }
    }
?>
```

In questo esempio abbiamo utilizzato due costrutti nuovi insieme a quanto avevamo già visto.

Il costrutto *if...else* valuta delle condizioni ed esegue azioni diverse infatti vengono specificati dei blocchi di istruzioni che nelle giuste condizioni verranno eseguiti. Abbiamo anche implementato un ciclo ovvero la ripetizione di una serie di istruzioni finché non viene raggiunta una condizione di uscita. In questo caso abbiamo creato un array, calcolato la sua cardinalità ed infine abbiamo costruito un ciclo per ogni elemento a partire dall'indice 0. All'interno del ciclo abbiamo inserito delle condizioni in modo che se un elemento dell'array non è definito viene restituito un errore con l'indice dell'elemento nullo altrimenti viene restituito l'elemento stesso.

Il risultato di questo codice è il seguente:

```
Frutto n. 1: Mela
Frutto n. 2: Pera
Frutto n. 3: Fragola
Valore con indice 3 non valido
```

Nota bene che il quarto elemento è nullo pertanto l'indice dell'array sarà 3 dato che la numerazione degli indici in PHP parte da zero.

Un altro modo per costruire cicli è utilizzando il costrutto *while()*, proviamo a riscrivere lo stesso ciclo con questo nuovo costrutto:

```php
<?php
    $frutta = array("Mela","Pera","Fragola", NULL);
    $arrlength = count($frutta);

    $i = 0;
    while ($i < $arrlength) {
        if (!$frutta[$i] == false) {
            echo "Frutto n. ". ($i+1) . ": $frutta[$i]
<br>";
        } else {
            echo "Valore con indice $i non valido";
        }
        $i++;
    }
?>
```

Il risultato di questo codice sarà uguale al precedente, abbiamo soltanto usato un modo diverso per inizializzare la variabile i, definire il ciclo e una condizione di uscita.

Con il *while* il blocco di istruzioni viene eseguito soltanto se la condizione è rispettata mentre la variante *do...while* consente di eseguire almeno una volta il blocco di istruzioni e poi ripeterlo fino a quando la condizione specificata risulta vera:

```php
<?php
    $frutta = array("Mela","Pera","Fragola", NULL);
    $arrlength = count($frutta);


    $i = 0;


    do {
        if (!$frutta[$i] == false) {
            echo "Frutto    n.    ".    ($i+1)    .    ":
$frutta[$i] <br>";
        } else {
            echo "Valore con indice $i non valido";
        }
        $i++;
    } while($i < $arrlength);
?>
```

Ancora una volta il risultato non cambia, cambia il costrutto usato per il nostro codice e solo con tanta pratica riusciremo a capire quando usare uno piuttosto che un altro.

Prima di passare al costrutto *switch* riassumiamo i diversi tipi di ciclo che abbiamo analizzato:

- *for* esegue un blocco di codice per un numero definito di volte
- *while* esegue un blocco di codice finché la condizione specificata è vera
- *do...while* esegue un blocco di codice una volta e lo ripete finché la condizione specificata è vera

Il costrutto *switch,* come in altri linguaggi, viene utilizzato per eseguire diverse azioni in base a diverse condizioni.

```php
<?php
    $frutta = array("Mela","Pera","Fragola", NULL);
    switch ($frutta[0]) {
      case "Fragola":
        echo "F";
        break;
      case "Mela":
        echo "M";
        break;
    case "Pera":
        echo "P";
        break;
    default:
        echo "-";
    }
?>
```

In questo caso verrà restituito il carattere *M* poiché abbiamo passato in input al costrutto il primo valore dell'array ed in base a questo valore abbiamo stampato in pagina una lettera se il valore è riconosciuto, un trattino altrimenti. Come puoi intuire questo costrutto equivale ad una serie di condizioni del tipo *if...else* ma per mantenere il codice leggibile è consigliato usare uno *switch*.

Per pura didattica riscriviamo questo *switch* con tanti *if...else* al fine di mostrarne l'equivalenza:

```php
<?php
    $frutta = array("Mela","Pera","Fragola", NULL);
    if ($frutta[0] == "Fragola") {
        echo "F";
    } elseif ($frutta[0] == "Mela") {
        echo "M";
    } elseif ($frutta[0] == "Pera") {
        echo "P";
    } else {
        echo "-";
    }
?>
```

Funzioni

Immaginiamo che per la nostra pagina Web abbiamo bisogno di una funzione che restituisca l'iniziale del nome di un frutto, utile a popolare i valori di un menu a tendina nella pagina Web. Per questo compito utilizzeremo il costrutto *switch* visto in precedenza.

```php
<?php
    $frutta = array("Mela","Pera","Fragola", NULL);

    function estraiNome($nomeFrutto) {
      $lettera = NULL;
        switch ($nomeFrutto) {
          case "Fragola":
            $lettera = "F";
            break;
          case "Mela":
            $lettera = "M";
            break;
          case "Pera":
            $lettera = "P";
            break;
          default:
            $lettera = "-";
        }
      return $lettera;
    }

    echo estraiNome($frutta[0]); // restituisce M
```

```
echo "<br>" . estraiNome($frutta[1]); // restituisce
P
echo "<br>" . estraiNome($frutta[2]); // restituisce
F
echo "<br>" . estraiNome($frutta[3]); // restituisce
-
?>
```

La funzione appena creata restituisce l'iniziale del frutto se la variabile assume uno di quei valori, altrimenti restituisce un trattino nel caso in cui nessuna condizione precedente sia verificata.

Una funzione, come avrai notato, è un blocco di istruzioni che possono essere ripetuti in un programma, le funzioni hanno bisogno di essere definite specificando qual è il loro compito. Una funzione definisce il suo compito tra le parentesi graffe { } e, dopo essere stata definita, può essere invocata per eseguire il compito desiderato.

Una funzione può anche prendere in input uno o più argomenti come abbiamo fatto nell'esempio per l'argomento di nome *$nomeFrutto* che viene trattato come una vera e propria variabile con scope relativo solo alla funzione.

Uno dei problemi di PHP è la sua tipizzazione debole che può portare ad errori in fase di conversione dati, per ovviare a questo problema in PHP 7 è stata aggiunta una funzionalità molto utile: *strict.* Senza questo requisito PHP continuerà ad associare in modo autonomo un tipo di dati alle variabili, a seconda del valore contenuto. Per evitare che ciò accada possiamo comunicare a PHP quale sarà il tipo della variabile perciò riscriviamo la funzione precedente con il requisito *strict:*

```php
<?php declare(strict_types=1); // requisito strict
$frutta = array("Mela","Pera","Fragola", NULL);


function estraiNome(String $nomeFrutto) {
    $lettera = NULL;
        switch ($nomeFrutto) {
          case "Fragola":
            $lettera = "F";
            break;
          case "Mela":
            $lettera = "M";
            break;
        case "Pera":
            $lettera = "P";
            break;
        default:
            $lettera = "-";
        }
      return $lettera;
    }


echo estraiNome($frutta[0]); // restituisce M
echo "<br>" . estraiNome($frutta[1]); // restituisce
P
```

```
echo "<br>" . estraiNome($frutta[2]); // restituisce
F
echo "<br>" . estraiNome($frutta[3]); // restituisce
Fatal error
?>
```

Avrai notato che abbiamo soltanto aggiunto il requisito *strict* nella dichiarazione del tag PHP e abbiamo inserito il tipo di dato che prende in input la funzione. Questo funziona bene per i primi tre elementi dell'array *$frutta* ma non funziona per l'ultimo elemento dato che non si tratta di una stringa.

Il risultato di questo script, infatti, è il seguente:

```
M
P
F Fatal error: Uncaught TypeError: Argument 1 passed
to estraiNome() must be of the type string, null
given
```

In questo caso la funzione restituisce un valore grazie alla parola chiave *return* e possiamo anche definire il tipo di dato del valore che la funzione restituisce. Nell'esempio precedente non abbiamo aggiunto nessun vincolo di questo tipo infatti la funzione potrebbe restituire anche un valore NULL senza alcun errore.

Adesso aggiungiamo questo vincolo ovvero la nostra funzione potrà restituire solo valori di tipo *String:*

```php
<?php declare(strict_types=1); // requisito strict
    $frutta = array("Mela","Pera","Fragola", NULL);

    function estraiNome($nomeFrutto) : String {
        $lettera = NULL;
        switch ($nomeFrutto) {
            case "Fragola":
                $lettera = "F";
                break;
            case "Mela":
                $lettera = "M";
                break;
            case "Pera":
                $lettera = "P";
                break;
            default:
                $lettera = "-";
        }
        return $lettera;
    }

echo estraiNome($frutta[0]); // restituisce M
echo "<br>" . estraiNome($frutta[1]); // restituisce
P
```

```php
echo "<br>" . estraiNome($frutta[2]); // restituisce
F
echo "<br>" . estraiNome($frutta[3]); // restituisce
-
?>
```

Per mostrare il funzionamento di questo vincolo abbiamo modificato la funzione in modo da accettare tutti i tipi di input in ingresso e abbiamo specificato un tipo di dato in uscita. I risultati della funzione potranno solo essere di tipo stringa, l'output sarà:

M
P
F
-

Nel prossimo capitolo vedremo come gestire i file con PHP per poterli leggere o scrivere all'interno delle nostre applicazioni per esempio oppure, scenario molto comune, come effettuare l'upload di un file.

Classi

Una classe in qualsiasi linguaggio di programmazione orientato agli oggetti rappresenta un elemento fondamentale dato che si tratta di un template per la creazione di oggetti. In PHP una classe è una collezione di variabili dette proprietà e compiti specifici detti metodi. Per definire una classe è necessaria la parola chiave *class* seguita dal nome della classe e un blocco contenente proprietà e metodi.

Di seguito mostriamo la definizione della classe *Frutto:*

```php
<?php
    class Frutto{
        public $nome;
        public $colore;
        public $meseStagionatura;
    }
?>
```

In questa classe abbiamo definito delle proprietà anche dette *attributi* o *campi* che verranno ripetute per ogni istanza di questa classe. La visibilità di queste proprietà dipende dalla parola chiave che li precede:

- *public*: è possibile accedere alle proprietà da qualsiasi parte del nostro codice, in questo modo qualsiasi altra classe o funzione può accedere a queste proprietà;

- *protected*: è consentito l'accesso a queste proprietà soltanto da parte della classe stessa o da parte delle classi che la estendono, genitori compresi;
- *private*: è il livello di visibilità più restrittivo infatti le proprietà sono visibili solo all'interno della stessa classe che li definisce.

Passiamo ora a definire delle funzioni che recuperano il valore delle proprietà e altre che lo impostano, queste funzioni sono dette rispettivamente *getter* e *setter*.

```php
<?php
    class Frutto{
        private $nome;
        private $colore;
        public $meseStagionatura;

        /* imposto il valore della proprietà
           di tipo private chiamata $nome */
        public function setNome($nome){
            $this->nome = $nome;
        }

        /* recupero il valore della proprietà
           di tipo private chiamata $nome */
        public function getNome(){
            return $this->nome;
        }
    }
?>
```

Come avrai notato abbiamo modificato la visibilità di alcuni campi perché vogliamo che non sia possibile accedere direttamente alle proprietà tramite una classe, bisogna utilizzare i metodi appropriati.

Per questo motivo se una classe esterna dovesse accedere alle proprietà *$nome* o *$colore* riceverà un errore.

Per dimostrare questo creiamo un'istanza di frutto, assegniamo il nome e accediamo all'attributo:

```php
<?php
    class Frutto{
        private $nome;
        private $colore;
        public $meseStagionatura;

        /* imposto il valore della proprietà
           di tipo private chiamata $nome */
        public function setNome($nome){
            $this->nome = $nome;
        }

        /* recupero il valore della proprietà
           di tipo private chiamata $nome */
        public function getNome(){
            return $this->nome;
        }
    }

    $frutto = new Frutto();
    $frutto->setNome('Arancia');
    echo $frutto->getNome();

    echo "<br>";
```

```
echo $frutto->nome;
?>
```

Abbiamo creato l'istanza della classe tramite la parola chiave *new* e successivamente abbiamo usato il metodo *setNome()* per impostare il valore *Arancia* all'attributo *$nome*. Successivamente abbiamo stampato nella nostra pagina Web il nome recuperato tramite la funzione e poi il nome recuperato tramite accesso diretto alla proprietà.

Il risultato sarà il seguente:

```
Arancia
Fatal error: Uncaught Error: Cannot access private
property Frutto::$nome
```

L'errore restituito è abbastanza esplicito ed è relativo alla visibilità della proprietà *$nome*.

Per le proprietà è anche possibile definire un valore predefinito, introduciamo una nuova proprietà che identifica un fornitore e supponiamo che attualmente ci sia un unico fornitore di frutta. Per completezza inseriamo anche le funzioni relative alle altre proprietà:

```php
<?php
    class Frutto{
        private $nome;
        private $colore;
        public $meseStagionatura;
```

```php
private $fornitore = 'FRUTTA FRUTTA';

/* imposto il valore della proprietà
   di tipo private chiamata $nome */
public function setNome($nome){
    $this->nome = $nome;
}

/* recupero il valore della proprietà
   di tipo private chiamata $nome */
public function getNome(){
    return $this->nome;
}

/* imposto il valore della proprietà
   di tipo private chiamata $colore */
public function setColore($colore){
    $this->colore = $colore;
}

/* recupero il valore della proprietà
   di tipo private chiamata $colore */
public function getColore(){
    return $this->colore;
}

/* imposto il valore della proprietà
   di tipo private chiamata $fornitore */
public function setFornitore($fornitore){
```

```php
        $this->fornitore = $fornitore;
    }


    /* recupero il valore della proprietà
       di tipo private chiamata $fornitore */
    public function getFornitore(){
        return $this->fornitore;
    }
  }
?>
```

File in PHP

In questo paragrafo impareremo a gestire i file in PHP e le operazioni comuni come creazione, lettura, modifica ed infine come gestire l'upload di un file.

E' fondamentale prestare attenzione quando si usano i file infatti spesso possiamo inciampare in errori che possono costarci caro, immaginate per esempio di modificare o cancellare il file sbagliato oppure scrivere così tanto da saturare il disco rigido della macchina.

La prima funzione che andremo ad affrontare è la lettura del file *codifica.txt* che contiene il seguente testo:

```
F = Fragola
M = Mela
P = Pera
```

Per leggere un file e scriverlo nel buffer di output è necessario usare la funzione *readfile()* come segue:

```php
<?php
    echo readfile("codifica.txt");
?>
```

In questo modo la funzione restituirà il contenuto del file *codifica.txt* che è posizionato allo stesso livello del nostro file PHP all'interno dell'alberatura.

Un modo migliore e con più funzioni per la gestione di un file è la funzione *fopen()* che consente di specificare come primo parametro il nome del file e come secondo parametro la modalità in cui esso deve essere aperto. Ci sono diverse modalità ma le più utili sono:

- "r" per sola lettura a partire dall'inizio del file
- "r+" per lettura/scrittura a partire dall'inizio del file
- "w" per sola scrittura del file, se esiste cancella il contenuto e riscrive il file, altrimenti ne crea uno nuovo
- "w+" per lettura/scrittura del file, se esiste cancella il contenuto e riscrive il file, altrimenti ne crea uno nuovo

Le altre modalità differiscono per il valore restituito in base all'esistenza del file o alla posizione del puntatore che viene restituito.

Una volta aperto o creato il file viene usata la funzione *fread()* per leggerne il contenuto e questa funzione ha due parametri, il primo è il nome del file da leggere, il secondo indica quanti byte di quel file leggere. Se vogliamo leggere un file interamente useremo la funzione *filesize()* che restituisce la dimensione del file specificato in input.

Infine è buona norma chiudere i file che sono stati aperti per evitare uno spreco di risorse, pratica comune a tutti i linguaggi di programmazione. Per fare ciò usiamo la funzione *fclose()* che accetta un unico parametro ovvero il nome del file da chiudere.

Di seguito un esempio dove usiamo queste quattro funzioni:

```php
<?php
    $codificaFile = fopen("codifica.txt", "r") or
die("Impossibile aprire il file!");
    echo
fread($codificaFile,filesize("codifica.txt"));
    fclose($codificaFile);
?>
```

Potremmo anche voler leggere solo una riga di un file, in quel caso useremo la funzione *fgets()* o leggere solo un carattere di un file allora useremo la funzione *fgetc()*.

Potremmo anche leggere un intero file dall'inizio alla fine sfruttando il ciclo *while* visto in precedenza ovvero andiamo a leggere il file finché non viene raggiunto un particolare carattere che indica la fine del file:

```php
<?php
    $codificaFile = fopen("codifica.txt", "r") or
die("Impossibile aprire il file!");
    // Mostro su video una riga alla volta finché il
file non è finito
    while(!feof($codificaFile)) {
      echo fgets($codificaFile) . "<br>";
    }
    fclose($codificaFile);
?>
```

Per scrivere un file possiamo usare la funzione *fopen()* già vista in precedenza in modalità scrittura per aprire il file e la funzione *fwrite()* per scrivere su file. Quest'ultima funzione accetta due parametri in input: il nome del file ed il testo da aggiungere, rispettivamente. In questo modo si andrà a cancellare il contenuto del file per poter consentire la scrittura di altro testo:

```php
<?php
    $codificaFile = fopen("codifica.txt", "w") or
die("Impossibile aprire il file!");
    $testoProva = "Prova\n";
    fwrite($codificaFile, $testoProva);
    fclose($codificaFile);
?>
```

Vediamo adesso un esempio molto pratico e che sicuramente vi sarà molto utile nelle pagine che richiedono l'upload di un file. Per prima cosa è fondamentale aprire il file *php.ini* all'interno della cartella *htdocs* ed attivare la direttiva *file_uploads* impostandola con il valore *On*.

Creiamo una piccola pagina HTML che contiene il form da inviare con il file allegato:

```html
<!DOCTYPE html>
<html>
<body>
```

```
<form          action="upload.php"        method="post"
enctype="multipart/form-data">
    Seleziona il file da inviare:
    <input        type="file"        name="fileToUpload"
id="fileToUpload">
    <input          type="submit"          value="Invia"
name="submit">
</form>

</body>
</html>
```

Per chi non conoscesse l'HTML il form si tratta di una struttura usata per raccogliere dati dell'utente ad esempio possiamo pensare di usare un form per i dati personali di un candidato e permettere di allegare il proprio CV, accettando addirittura solo file di un determinato tipo ad esempio PDF.

E' fondamentale impostare il metodo da usare su *post* infatti esistono diversi tipi di richieste tramite HTTP ma i principali sono GET e POST. Il primo è usato di solito per recuperare delle informazioni o per passare delle informazioni "in chiaro" quindi chiunque può vederle all'interno dell'URL invocato.

Il metodo POST invece si differenzia in quanto i parametri della richiesta vengono passati nel corpo della richiesta HTTP e non all'interno dell'URL pertanto è adatto ad informazioni personali.

Detto ciò possiamo creare lo script di gestione dell'upload che abbiamo chiamato *upload.php*:

```php
<?php
$cartella_dest = "uploads/";
$file_dest         =         $cartella_dest        .
basename($_FILES["fileToUpload"]["name"]);
$uploadOk = 1;
$fileType                                          =
strtolower(pathinfo($file_dest, PATHINFO_EXTENSION));

// Controllo se il file esiste già
if (file_exists($file_dest)) {
    echo "Il file esiste già.";
    $uploadOk = 0;
}
// Controllo che la dimensione del file sia < 5 MB
if ($_FILES["fileToUpload"]["size"] > 5000000) {
    echo "Il file inserito è troppo grande.";
    $uploadOk = 0;
}
// Verifico l'estensione del file per accettare solo
PDF
if($fileType != "pdf") {
    echo "Sono consentiti soltanto file in formato
PDF.";
    $uploadOk = 0;
}
// Controllo se ci sono errori
```

```php
if ($uploadOk == 0) {
    echo "Si è verificato un errore durante il
caricamento.";
// Se non ci sono errori effettuo il caricamento del
file
} else {
    if
(move_uploaded_file($_FILES["fileToUpload"]["tmp_nam
e"], $file_dest)) {
        echo "Il file ". basename(
$_FILES["fileToUpload"]["name"]). " è stato
caricato.";
    } else {
        echo "Si è verificato un errore durante il
caricamento.";
    }
}
?>
```

Come puoi notare in questo codice abbiamo usato molte funzioni e qualcosa di nuovo. Prima di tutto bisogna creare una cartella denominata *uploads* nello stesso nodo in cui è presente il file *upload.php*. Dopo aver fatto ciò abbiamo definito dove scrivere il file che caricheremo ovvero all'interno della cartella creata. Verifichiamo che la dimensione sia inferiore a 5 megabyte leggendo dalla variabile globale *$_FILES* la proprietà *size*. Successivamente abbiamo verificato se l'estensione del file che stiamo caricando è diversa dalla stringa *pdf*, abbiamo confrontato solo la stringa scritta con caratteri minuscoli in quanto abbiamo usato la funzione *strtolower()* in precedenza che data una stringa in ingresso ne restituisce l'equivalente composto solo da caratteri minuscoli.

Infine verifico che il flag per rilevare gli errori sia diverso da zero per consentire il caricamento del file.

Sessione e Cookie

Il protocollo HTTP non prevede alcun legame di continuità durante la navigazione infatti ogni connessione tra client e server viene chiusa ad ogni richiesta evasa pertanto il protocollo HTTP è detto *stateless.*

In realtà quando iniziamo la navigazione nel browser iniziamo una nuova *sessione* che terminerà appena chiudiamo il browser. Ad ogni nuova sessione viene assegnato un identificativo univoco che consente di tracciare l'intera navigazione del cliente che deve essere sfruttata per creare una migliore esperienza utente.

Questi dati vengono memorizzati lato server ma prima di tutto è necessario abilitare questa funzionalità nel codice PHP tramite la funzione *session_start().* In tal modo verrà generato automaticamente un identificativo per la sessione contestualmente creata, avremo quindi accesso alla variabile globale *$_SESSION* nella quale possiamo memorizzare i dati dell'utente:

```php
<?php
    // Creo la sessione
    session_start();

    // Salvo dati in sessione
    $_SESSION['nome_visitatore'] = "Filippo";
    $_SESSION['cognome_visitatore'] = "Bianchi";

    // Recupero id e dati dalla sessione
```

```php
echo        "Visita       fatta        da        "        .
$_SESSION['nome_visitatore']          .         "         "        .
$_SESSION['cognome_visitatore'];
    echo "ID della sessione " . session_id();

//Distruggo la sessione
session_destroy(); ?>
```

In questo modo possiamo salvare i dati in sessione ovunque e accedere a quei dati salvati in sessione ovunque nel nostro codice. Quando invece non abbiamo più bisogno della sessione possiamo invocare la funzione *session_destroy()* pertanto navigando nelle pagine non avremo più accesso alle informazioni salvate in precedenza.

Pensiamo a quando visitiamo il sito di Amazon e, senza effettuare l'accesso, cerchiamo prodotti di informatica. Chiudiamo il browser e successivamente riapriamo il sito notando che ci consiglia ancora prodotti di informatica. Come è possibile ciò? Questo comportamento è possibile grazie a dei *Cookie* salvati lato client.

I cookie, al contrario di una sessione, consente di memorizzare i dati per un periodo più lungo dato che sono salvati sul client. Questi dati vengono cancellati solo alla loro scadenza o tramite un'azione manuale dell'utente che decide di cancellarli tramite le impostazioni del sito.

PHP mette a disposizione l'array *$_COOKIE* che consente di salvare o manipolare dati proprio come per le sessioni. L'unica differenza consiste nell'assegnare un valore ad un cookie che viene effettuato tramite la funzione *set_cookie()* anziché tramite accesso ad una proprietà.

Nell'esempio seguente abbiamo impostato due cookie dei quali uno con scadenza tra un'ora infatti *time()* restituisce l'ora attuale in secondi a cui sommiamo 3600 secondi cioè un'ora. Recuperiamo il valore del cookie ed infine lo distruggiamo.

```php
<?php
    // Imposto i cookie
    setcookie("NomeVisitatore", "Filippo");

    // Imposto il cookie con scadenza tra un'ora
    setcookie("CognomeVisitatore",    "Bianchi"    ,
time()+3600);

    // Recupero il valore del cookie
    echo  "Questa  visita  è  fatta  da  "  .
$_COOKIE['NomeVisitatore'];

    // Distruggo il cookie
    unset($_COOKIE["NomeVisitatore"]);
    setcookie("NomeVisitatore", null, -1);
?>
```

PHP e MySQL

Adesso che hai preso confidenza con il linguaggio andiamo su qualcosa di più interessante, probabilmente starai costruendo la tua applicazione e a questo punto ti serve un database su cui memorizzare i dati. Grazie all'installazione rapida che abbiamo fatto hai già tutto l'ambiente pronto per il database quindi non è necessario installare altro software. Il database che useremo è MySQL dato che è integrato davvero bene in PHP e anche perché si tratta di un prodotto maturo, affidabile, veloce e facile da usare. Anche se non hai alcuna conoscenza di un database ti guiderò attraverso i comandi base e i più usati.

Quando si utilizza un database ogni richiesta viene anche detta *query* ovvero una estrazione o inserimento dati. La sintassi con cui formulare queste richieste è detta sintassi SQL da cui il database prende il nome.

Per accedere facilmente al database digita *localhost/PHPMyAdmin* all'interno del tuo browser e verrà mostrato un pannello dove dovrai definire una password per l'utente *root* ovvero l'utente con i massimi privilegi.

Dopo aver salvato la password per l'utente principale, andremo a stabilire una connessione al database tramite PHP.

Edit privileges: User account 'root'@'::1'

Creiamo un file denominato *connessione_db.php* all'interno della cartella *htdocs* che già conosci e lo salviamo.

```php
<?php
    function apriConn() {
        $dbhost = "localhost";
        $dbuser = "root";
        $dbpass = "123456";
        $conn = new mysqli($dbhost, $dbuser,
$dbpass) or die("Connessione fallita: %s\n". $conn -
> error);

        return $conn;
    }

    function chiudiConn($conn) {
        $conn -> close();
    }
?>
```

Come puoi notare abbiamo usato le credenziali dell'utente *root* compresa la password che nel nostro caso è 123456 ai soli fini di didattica. Questo file appena definito dovrà essere incluso all'interno dei file PHP dove hai bisogno del database, in questo modo la tua applicazione potrà essere modulare rendendo più facile la manutenzione.

Torniamo adesso al file dove creare un nuovo database denominato *prova:*

```php
<?php
    include 'connessione_db.php';
    $connessione = apriConn();
    echo "Connessione effettuata con successo";

    // Creo il database
    $sql = "CREATE DATABASE prova";
    if ($conn->query($sql) === TRUE) {
        echo "Database creato con successo";
    } else {
        echo "Errore nella creazione del database: "
. $conn->error;
    }

    chiudiConn($connessione);
?>
```

In questo modo abbiamo creato un nuovo database nel quale a breve inseriremo una tabella molto semplice dedicata ai nostri frutti. Nella tabella del database per ogni frutto avremo un identificativo numerico univoco, il nome, il colore ed il mese di stagionatura ed il fornitore. L'identificativo numerico sarà creato dalla funzione *AUTO_INCREMENT* di MySQL che ad ogni inserimento incrementa il valore di una unità a partire da 1, gli altri campi saranno delle stringhe a lunghezza fissa di massimo 25 caratteri e non nulli.

```php
<?php
    include 'connessione_db.php';
    $connessione = apriConn();
    echo "Connessione effettuata con successo";

    // Creo il database
    $sql = "CREATE DATABASE prova";
    if ($conn->query($sql) === TRUE) {
        echo "Database creato con successo";
    } else {
        echo "Errore nella creazione del database: "
 . $conn->error;
    }

    // query per creare la tabella
    $sql = "CREATE TABLE frutti (
        id INT(6) UNSIGNED AUTO_INCREMENT PRIMARY
KEY,
        nome VARCHAR(25) NOT NULL,
        colore VARCHAR(25) NOT NULL,
        mese VARCHAR(25) NOT NULL,
```

```
    fornitore VARCHAR(25) NOT NULL
)";

if ($conn->query($sql) === TRUE) {
    echo "Tabella frutti creata con successo";
} else {
    echo "Errore nella creazione della tabella:
" . $conn->error;
}

chiudiConn($connessione); ?>
```

La creazione della tabella definisce una chiave primaria ovvero un valore numerico univoco senza segno (positivo o negativo) che identifica ogni frutto, dopo aver creato la query verifichiamo con un *if...else* se ci sono stati errori in fase di creazione e li stampiamo nella pagina Web.

Ora che abbiamo definito la struttura del nostro database possiamo inserire e, successivamente recuperare, i nostri dati pertanto integriamo le corrispondenti righe di codice. Per queste operazioni useremo gli statement *INSERT* e *SELECT* propri del database MySQL. Data la struttura della tabella dovremo obbligatoriamente specificare tutti i valori poiché li abbiamo definiti *NOT NULL* in fase di creazione ad eccezione dell'identificativo che essendo incrementato automaticamente dal database non ha bisogno di essere specificato.

La sintassi per l'inserimento prevede:

INSERT INTO nome_tabella (proprieta1_da_inserire, proprieta2_da_inserire) VALUES valore1, valore2

La sintassi per restituire degli elementi prevede:

SELECT proprieta1_da_restituire, proprieta2_da_restituire FROM nome_tabella

Nell'esempio seguente useremo molti costrutti visti sino ad ora, costrutti *if...else, while()* e qualche nuova funzione come *fetch_assoc()* che restituisce una riga a partire da un array associativo.

```php
<?php
    include 'connessione_db.php';
    $connessione = apriConn();
    echo "Connessione effettuata con successo";

    // Creo il database
    $sql = "CREATE DATABASE prova";
    if ($conn->query($sql) === TRUE) {
        echo "Database creato con successo";
    } else {
        echo "Errore nella creazione del database: "
. $conn->error;
    }

    // query per creare la tabella
    $sql = "CREATE TABLE frutti (
        id INT(6) UNSIGNED AUTO_INCREMENT PRIMARY
KEY,
        nome VARCHAR(25) NOT NULL,
```

```php
        colore VARCHAR(25) NOT NULL,
        mese VARCHAR(25) NOT NULL,
        fornitore VARCHAR(25) NOT NULL
    )";

    if ($conn->query($sql) === TRUE) {
        echo "Tabella frutti creata con successo
<br>";

        $sql = "INSERT INTO frutti (nome, colore,
mese, fornitore)
        VALUES ('Arancia', 'Arancione', 'Gennaio',
'FRUTTA FRUTTA')";
        if ($conn->query($sql) === TRUE) {
            echo "Riga inserita con successo";

            $sql = "SELECT id, nome, colore, mese,
fornitore FROM frutti";
            $result = $conn->query($sql);

            if ($result->num_rows > 0) {
                // Mostro id, nome e colore di ogni
frutto presente nella tabella
                while($row = $result->fetch_assoc())
{

                    echo "id: " . $row["id"]. " -
Nome: " . $row["nome"]. " " . $row["colore"].
"<br>";

                }
```

```
        } else {
            echo "Nessun risultato - Non ci sono
frutti in tabella";
        }
    } else {
        echo "Errore nell'inserimento della
riga: " . $sql . "<br>" . $conn->error;
    }
} else {
    echo "Errore nella creazione della tabella:
" . $conn->error;
}

chiudiConn($connessione);
?>
```

Come avrai notato abbiamo riutilizzato la stessa variabile per tutte le query eseguite, per quanto concerne il ritrovamento dei dati tramite lo statement *SELECT*, abbiamo eseguito la query e memorizzato il valore all'interno di una variabile denominata *$result*. Abbiamo successivamente invocato il metodo *num_rows()* definito in *$result* per verificare il numero di righe restituito e se maggiore di zero iniziare un ciclo. Il ciclo itera gli elementi presenti nell'array associativo creato dalla funzione *fetch_assoc()* e mostra ogni volta alcune proprietà di ogni frutto mostrandone l'identificativo numerico, il nome ed il colore.

Supponiamo adesso di voler aggiornare un dato all'interno della tabella *frutti*, abbiamo bisogno di un altro statement MySQL detto *UPDATE*. Riporteremo per semplicità soltanto lo statement per l'aggiornamento, in particolare il fornitore diventerà *FRUTTA PIU* anziché *FRUTTA FRUTTA*. E' ovvio che la query deve essere eseguita dopo aver creato il database, la tabella e dopo aver inserito dei valori all'interno di essa.

```php
<?php
    $sql = "UPDATE frutti SET fornitore = 'FRUTTA
PIU' WHERE id = 1";

    if ($conn->query($sql) === TRUE) {
        echo "Riga aggiornata con successo";
    } else {
        echo "Errore nell'aggiornamento della riga:
" . $conn->error;
    }
?>
```

La sintassi dell'aggiornamento prevede:
UPDATE nome_tabella SET proprieta_da_aggiornare = nuovo_valore WHERE proprieta = valore_esistente
In questo caso abbiamo selezionato dalla tabella la riga con identificativo pari a 1 e ne abbiamo modificato il valore della proprietà *fornitore*.

Per verificare che l'aggiornamento sia andato a buon fine, oltre a verificare se il valore restituito dalla funzione *query()* è vero puoi effettuare un'altra query di tipo *SELECT*.

E' fondamentale specificare una clausola *WHERE* altrimenti verranno aggiornate tutte le righe presenti nella tabella.

Supponiamo che questo frutto non sia più disponibile e abbiamo la necessità di eliminarlo dal database, questo è possibile grazie ad uno statement di tipo *DELETE*.

La sintassi di questo statement prevede:

DELETE   FROM   nome_tabella   WHERE   nome_proprieta   =   valore_proprieta

```php
<?php
    $sql = "DELETE FROM frutti WHERE id = 1";

    if ($conn->query($sql) === TRUE) {
        echo "Riga cancellata con successo";
    } else {
        echo "Errore nella cancellazione della riga:
" . $conn->error;
    }
?>
```

Infine riportiamo il codice integrale delle operazioni effettuate sul database: creazione del database, creazione della tabella, inserimento dei dati nella tabella, lettura dei dati dalla tabella, aggiornamento dei dati in tabella ed infine cancellazione dei dati. Queste operazioni basilari sono anche dette *operazioni CRUD* che è l'acronimo di Create, *R*ead, *U*pdate e *D*elete.

```php
<?php
    include 'connessione_db.php';
    $connessione = apriConn();
    echo "Connessione effettuata con successo";

    // Creo il database
    $sql = "CREATE DATABASE prova";
    if ($conn->query($sql) === TRUE) {
        echo "Database creato con successo";
    } else {
        echo "Errore nella creazione del database: " .
$conn->error;
    }

    // query per creare la tabella
    $sql = "CREATE TABLE frutti (
        id INT(6) UNSIGNED AUTO_INCREMENT PRIMARY KEY,
        nome VARCHAR(25) NOT NULL,
        colore VARCHAR(25) NOT NULL,
        mese VARCHAR(25) NOT NULL,
        fornitore VARCHAR(25) NOT NULL
```

```php
)";

    if ($conn->query($sql) === TRUE) {
        echo "Tabella frutti creata con successo <br>";

        $sql = "INSERT INTO frutti (nome, colore, mese,
fornitore)
        VALUES ('Arancia', 'Arancione', 'Gennaio',
'FRUTTA FRUTTA')";
        if ($conn->query($sql) === TRUE) {
            echo "Riga inserita con successo";

            $sql = "SELECT id, nome, colore, mese,
fornitore FROM frutti";
            $result = $conn->query($sql);

            if ($result->num_rows > 0) {
                // Mostro id, nome e colore di ogni
frutto presente nella tabella
                while($row = $result->fetch_assoc()) {
                    echo "id: " . $row["id"]. " - Nome: "
. $row["nome"]. " " . $row["colore"]. "<br>";
                }

                $sql = "UPDATE frutti SET fornitore =
'FRUTTA PIU' WHERE id = 1";
                if ($conn->query($sql) === TRUE) {
                    echo "Riga aggiornata con successo";
                } else {
```

```php
            echo "Errore nell'aggiornamento della
riga: " . $conn->error;
            }

            $sql = "DELETE FROM frutti WHERE id = 1";
            if ($conn->query($sql) === TRUE) {
                echo "Riga cancellata con successo";
            } else {
                echo "Errore nella cancellazione
della riga: " . $conn->error;
            }
        } else {
            echo "Nessun risultato - Non ci sono
frutti in tabella";
        }
    } else {
        echo "Errore nell'inserimento della riga: " .
$sql . "<br>" . $conn->error;
    }
} else {
    echo "Errore nella creazione della tabella: " .
$conn->error;
}

chiudiConn($connessione);
?>
```

Conclusioni

Come abbiamo avuto modo di vedere PHP è un linguaggio molto semplice da usare, flessibile e con alcune caratteristiche davvero innovative. Il codice PHP può essere integrato facilmente all'interno del codice HTML e la sua interoperabilità è uno dei punti a suo favore. Si tratta comunque di un linguaggio che ha subito numerose trasformazioni a partire dall'anno 1995 in cui è stata rilasciata la prima versione, con PHP7 si è cercato di migliorare alcuni aspetti che nella precedente versione creavano degli scogli per i programmatori. Il risultato di questa evoluzione mostra un aumento delle performance notevole rispetto a PHP5 e tu stesso potrai notare delle differenze con quanto abbiamo mostrato se leggerai o scriverai codice per PHP5, questo libro infatti fa riferimento all'ultima versione del linguaggio.

Stiamo assistendo ad una crescita costante della popolarità di questo linguaggio e, nonostante la rivalità storica con altri come JavaScript e Python, probabilmente sarà il linguaggio predominante nel futuro prossimo. In quest'ottica uno sviluppatore PHP può avere ottime possibilità di fare carriera in futuro e soprattutto di costruire applicazioni robuste, modulari e facili da manutenere.

Ci auguriamo che a questo punto tu abbia già una buona confidenza con il linguaggio pertanto continua ad esercitarti e scrivere codice PHP per affrontare sfide sempre nuove e ti consiglio di approfondire anche i framework basati su PHP come Laravel, Codeigniter, CakePHP e Phalcon solo per citare i più diffusi.

MySQL: Database SQL per Principianti

Premessa

Ogni applicazione, che si tratti di applicazione Web o no, si compone di livelli utili ad identificare delle funzionalità dell'applicazione. Negli anni novanta era molto diffusa l'architettura a due livelli ovvero client-server nelle quali un client si connette ad un server per usufruire di un servizio. In tal modo il server permette di condividere le risorse tra vari client utilizzando un protocollo che può essere in chiaro o crittografato.

Nel nuovo millennio si sono diffuse sempre di più delle architetture software a tre livelli anche dette *three-tier* che mostra delle somiglianze al pattern MVC (Model - View - Controller). Questo tipo di architettura è composta da: un *livello di presentazione* (il più alto) che si occupa di presentare le informazioni all'utente; dal livello di applicazione anche detto *business logic* che esegue i calcoli, coordina l'intera applicazione, ed effettua valutazioni logiche; dal *livello dati* (il più basso) che rappresenta il luogo in cui vengono storicizzate le informazioni e da cui vengono recuperate quindi riconducibile al database utilizzato.

In questo libro partiremo dalla definizione di Database, quanti e quali tipi di database esistono ed in particolare approfondiremo uno dei più utilizzati: MySQL.

La struttura del libro parte dall'installazione e dalla configurazione per arrivare a delle interrogazioni avanzate, passando per la console di amministrazione. Esamineremo i vantaggi di MySQL e quando conviene utilizzarlo, la sintassi SQL, come creare database e tabelle con relazioni tra i dati.

A chi si rivolge il libro

Come evidenziato nella premessa questo libro si rivolge principalmente a sviluppatori che vogliono arricchire le proprie conoscenze su MySQL o che, semplicemente, vogliono utilizzare questo database.

Questo libro è dedicato anche a chi vuole creare un sito tramite Joomla, Wordpress o Drupal poichè utilizzano MySQL così come la piattaforma LAMP (Linux, Apache, MySQL, Perl/Python/PHP) per la costruzione di una Web App.

Dov'è il codice?

In questo libro useremo diversi font e stili per indicare diversi tipi di informazione.

Input e Output da riga di comando per MySQL si presentano nel seguente modo:

```
SELECT * FROM utente WHERE id = 12;
```

L'input per il terminale si presenta nel seguente modo:

cd /tmp/

Termini nuovi, parole importanti, cartelle o directory ed elementi dell'interfaccia sono riportati in *corsivo*.

Requisiti

Per utilizzare MySQL sul tuo PC non ci sono requisiti particolari. Utilizzeremo la versione 8.0 che tuttavia potrebbe non essere disponibile per alcuni sistemi operativi. Ti invitiamo a controllare al seguente   link https://www.mysql.com/it/support/supportedplatforms/database.ht ml che il tuo sistema operativo sia supportato, qualora non lo fosse potrai comunque utilizzare la versione 5.7.

Nel caso tu dovessi utilizzare la versione 5.7 non avrai a disposizione alcune nuove feature come i ruoli, gli indici nascosti, set di caratteri e collation predefiniti ma si tratta di funzioni avanzate che non tratteremo in questo libro.

Le basi

Cos'è un Database?

Un database anche detto base dati è un insieme di dati omogeneo quindi strutturati che vengono storicizzati all'interno di un elaboratore elettronico. Si tratta, quindi, di uno "schedario" elettronico con molte più funzioni e performance nettamente migliori rispetto ad uno tradizionale.

Tramite un database ben progettato è possibile accedere, manipolare, aggiornare e cancellare dei dati in modo molto semplice e soprattutto in meno tempo.

Pensiamo alle applicazioni che ci circondano, il nostro client di posta elettronica, i social network, le app del nostro smartphone, tutte utilizzano un database.

In questo aspetto il Web ha dato il via allo sviluppo di nuove generazioni di database che rendono davvero efficiente l'uso da parte di più utenti delle stesse risorse.

Un database è capace di effettuare anche operazioni complesse, come vedremo nei capitoli successivi, ad esempio aggregazioni e/o ordinamento dei dati restituiti, anche coinvolgendo più tabelle.

E' possibile aggiornare anche dei record in un unico blocco, anche milioni di record in un'unica transazione, creare delle relazioni tra le tabelle per recuperare gli ordini di un cliente oppure calcolare l'importo medio di ogni acquisto.

Nella mia carriera informatica, addirittura, ho trovato interi programmi scritti nei database, questo evidenzia l'importanza che viene data a questo strumento.

Tipi di database

Ora che sappiamo cos'è un database vediamo quanti diversi tipi esistono e quali sono.

In sostanza tutte le categorie riconducono a due macro-categorie: *database relazionali* e *database non relazionali.*

SQL

I database relazionali anche detti *database SQL* sono i più conosciuti e diffusi anche in grandi contesti enterprise e, come evidenziato dall'etimologia della parola, fanno riferimento alle relazioni che intercorrono tra i dati.

Questo tipo di organizzazione modella è adatto all'organizzazione di dati in *tabelle* che sono solitamente composte da *righe* (anche detti record o tuple) e *colonne* e con un'unica *chiave primaria* per ogni riga.

Le tabelle, come si può dedurre, rappresentano le entità dell'applicazione (ad esempio Cliente e Ordine) mentre ogni riga rappresenta un'istanza diversa dell'entità (ad esempio Filippo Rossi è un'istanza di Cliente).

Le istanze possono essere collegate tra loro attraverso delle chiavi univoche che rappresentano quindi un *vincolo di identità.*

Alcuni esempi di database relazionali sono: MySQL, Oracle, DB2, Microsoft SQL Server e MariaDB.

Di seguito una tabella che riporta pro e contro dei database relazionali:

Vantaggi	Contro
Dati strutturati	Difficile gestire dati semi-strutturati
Gestione nativa dell'integrità dei dati	Normalizzazione dei dati
Vincoli dovuti alle relazioni	Scalabilità

NoSQL

I database di tipo non relazionali anche detti *database NoSQL* hanno avuto grande diffusione e sviluppo grazie al Web 2.0 e sono usati principalmente per *applicazioni real-time*, pensiamo a situazioni finanziarie come l'andamento della borsa o su applicazioni relative ai *big data.*

Questi database supportano la sintassi SQL ma funzionano al meglio proprio dove i database relazionali peccano ad esempio con dati semi-strutturati come gli XML o quando le performance devono essere davvero alte per poter gestire un gran numero di utenti.

I database NoSQL sono composti da 4 distinte categorie:

- *Key-value stores* dove ogni elemento del database è storicizzato tramite una chiave o un attributo insieme al proprio valore;

- *Wide-column stores* storicizza l'insieme dei dati come colonne e non come righe quindi particolarmente adatto per grandi set di dati;

- *Document* mappa ogni chiave con una struttura di dati anche detta *documento* che, a sua volta, può contenere un documento oppure diverse strutture di tipo chiave-valore, chiave-array di valori;

- *Grafi* di solito usati per le informazioni sulle reti.

Questo tipo di database è facilmente scalabile, economico e facile da manutenere ma pone un limite sia sulla consistenza dei dati sia sull'integrità referenziale. Questo limite consente *query* (interrogazioni) e inserimenti più veloci ma si traduce in una propagazione dei cambiamenti attraverso i nodi più lenta rispetto a database relazionali. Non è consigliato, quindi, utilizzare questo tipo di database per applicazioni sensibili dove l'aggiornamento dei dati deve essere istantaneo come in una banca, mentre è adatto per un social network dove si ipotizzano milioni di utenti.

Vediamo quali sono i principali pro e contro dei NoSQL:

Vantaggi	Contro
Flessibilità e scalabilità	Integrità dei dati
Semplice e veloce	Manca uno standard
Manutenzione	Poco maturi e poco supporto

Nel prossimo capitolo vedremo quali sono i punti di forza di MySQL rispetto ad altri concorrenti e per quale motivo è così diffuso.

Vantaggi di MySQL

MySQL è uno tra i database open-source che resiste nonostante lo sviluppo e la produzione di nuovi database moderni e performanti. Consente una rapida progettazione e realizzazione della base dati consentendo un rapido sviluppo delle applicazioni Web e garantendo l'accesso a migliaia di utenti del Web.

Si tratta di un database che sembra creato proprio per lanciare il tuo progetto nel minor tempo possibile, a partire dalla rapida installazione che vedremo nel prossimo capitolo.

MySQL è un database minimale e dotato solo delle funzioni essenziali ma vediamo insieme quali sono i suoi punti di forza:

- Lo **standard SQL**: MySQL offre un ambiente standard e rappresenta il primo passo per iniziare con un database (è un po' come quando si iniziare a programmare, si parte dal linguaggio Assembly non da Haskell);

- **Facile da installare**: si tratta di un database essenziale e veloce con un'installazione rapida. Essendo scritto in C e C++ è compatibile con tutti i sistemi operativi e tutte le piattaforme ed in fase di installazione è possibile configurare anche una sezione di amministrazione del server;

- **Velocità**: MySQL non richiede hardware molto potente infatti è possibile installarlo anche su dispositivi come Raspberry o vecchi PC in quanto non fa uso intenso delle risorse del sistema. Data la sua velocità viene spesso utilizzato per siti web, di solito, tramite CMS tipo Joomla e Wordpress;

- **Community:** MySQL ha a cuore le esigenze degli utenti (grazie alla sua natura open-source) e lo dimostra in ogni nuova major release. Chiunque sia esperto in C e C++ può analizzare il codice sorgente e contribuire al miglioramento di questo prodotto;

- **Interfacce:** puoi scrivere un'applicazione in un qualsiasi linguaggio ed integrare facilmente il database MySQL grazie a delle librerie dedicate, esistono per C, Java, PHP, Ruby ecc.

Una tipica installazione è composta da un *server MySQL* che gestisce i dati e da un *client* che si collegherà al server per eseguire le query. In grandi applicazioni il server ed il client risiedono su due terminali distinti ma in applicazioni di piccole e medie dimensioni possono risiedere entrambi sullo stesso terminale.

Creazione dell'ambiente di sviluppo

Installare MySQL

L'installazione di MySQL parte dall'installazione del server con il quale è possibile gestire i privilegi dei vari utenti, il server stesso e le sue funzionalità.

Per tutti i sistemi operativi è possibile scaricare il file appropriato dal seguente link: https://dev.mysql.com/downloads/windows/installer/8.0.html per ottenere la Community Edition.

Dato che si tratta di un progetto open-source è possibile compilare il codice sorgente in base al proprio server consentendo un aumento delle performance ma ciò è consigliato solo a chi ha esperienza in questo campo dato che è facile incorrere in errori, ancor di più in Windows e macOS.

Per tutti gli altri e per chi vuole concentrarsi solo su MySQL consigliamo di seguire la nostra guida.

Una volta collegati al link sopra indicato effettuiamo il download del software premendo su "Download".

Una volta terminato il download, lanciare l'eseguibile e, dopo aver accettato il contratto di licenza, scegliere il tipo di installazione **Developer Default** che installerà MySQL server e alcuni strumenti utili.

Nella successiva schermata verranno mostrate due sezioni: in quella di sinistra saranno presenti le componenti disponibili mentre in quella di destra le componenti che verranno installate.

Se avete intenzione di integrare MySQL in un'applicazione selezionate nel ramo *Connectors* quello adatto al vostro linguaggio di programmazione.

Nella schermata successiva, dedicata alla configurazione iniziale, dovremo selezionare *Standalone MySQL Server / Classic MySQL Replication* procedere con Next e dopo selezioniamo *Development Machine* se vogliamo installare il database su un PC per sviluppare, *Server Machine* se si tratta di un server dedicato (server web) o *Dedicated Machine* se si tratta di un database server dedicato.

Selezioniamo la voce TCP/IP e assicuriamoci che la porta impostata sia la 3306.

Selezioniamo *Strong Password* e successivamente specifichiamo la password di root del database, tenetela bene a mente perché è davvero importante, è la password dell'utente con i massimi privilegi.

Adesso dobbiamo decidere come e quando verrà avviato il server. Spuntate la prima voce in modo che MySQL venga eseguito come un servizio di Windows e, se lo ritenete necessario, spuntate anche la seconda voce per avviare il database all'avvio del PC altrimenti potete avviarlo dal Task Manager di Windows. Lasciamo il flag *Standard System Account* selezionato e procediamo con la configurazione.

Non abilitiamo il *protocollo X / MySQL as a Document Store* e proseguiamo.
Nella successiva schermata verranno eseguiti gli step di configurazione e, una volta completati con successo, possiamo selezionare entrambe le voci per lanciare *MySQL Workbench* e *MySQL Shell*.

MySQL Workbench? Di cosa si tratta?
MySQL Workbench è sostanzialmente un editor grafico che permette di collegarsi ai database MySQL per eseguire delle interrogazioni, avviare o arrestare il servizio che abbiamo configurato, modificare

agevolmente le tabelle o la loro struttura. Non utilizzeremo questo strumento ai fini della nostra guida ma vi consiglio di esplorarlo dopo aver preso confidenza con il database e vi accorgerete delle sue potenzialità.

A questo punto l'installazione è terminata e possiamo verificare l'installazione cercando dal menu di Windows *MySQL 8.0 Command Line Client* e una volta avviato vi chiederà la password root.

Se l'installazione è andata a buon fine, il servizio è avviato e la password è corretta, apparirà questo:

```
MySQL 8.0 Command Line Client                                    _ □ X
Enter password: *****
Welcome to the MySQL monitor.  Commands end with ; or \g.
Your MySQL connection id is 8
Server version: 8.0.11 MySQL Community Server - GPL

Copyright (c) 2000, 2018, Oracle and/or its affiliates. All rights reserved.

Oracle is a registered trademark of Oracle Corporation and/or its
affiliates. Other names may be trademarks of their respective
owners.

Type 'help;' or '\h' for help. Type '\c' to clear the current input statement.

mysql>
```

Mac

Una volta collegati al link https://dev.mysql.com/downloads/mysql/, sopra indicato, effettuiamo il download del software premendo su "Download".

MySQL Community Server 8.0.15

Select Operating System:

| macOS | ▼ |

Looking for previous GA versions?

🟢 Packages for Mojave (10.14) are compatible with High Sierra (10.13)

| **macOS 10.14 (x86, 64-bit), DMG Archive** | 8.0.15 | 213.7M | Download |

(mysql-8.0.15-macos10.14-x86_64.dmg) MD5: 4f6e618ec39640052831a5c3a40d26d | Signature

Dopo aver scaricato il file .dmg, tramite un doppio click, è necessario montare il disco immagine e vederne il contenuto. La proceduta guidata mostrerà il contratto di licenza da accettare per poi giungere a dove vogliamo effettuare l'installazione come mostra l'immagine seguente:

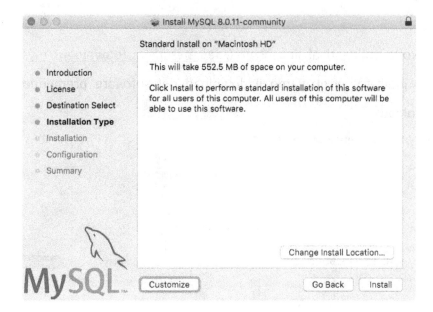

Dopo aver scelto il percorso dobbiamo selezionare le funzionalità da includere nell'installazione:

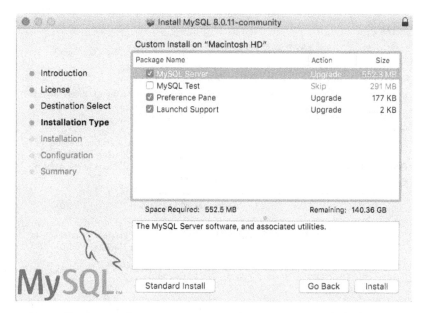

Dopo l'installazione di MySQL Server è necessario definire il tipo di password da usare (raccomandiamo *Strong Password Encryption*):

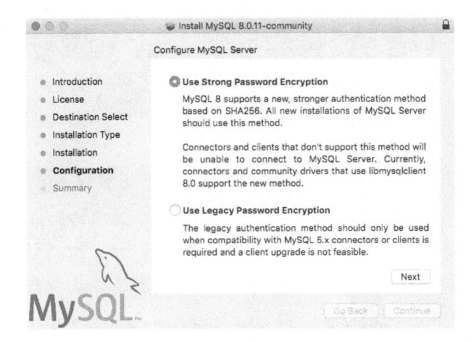

Successivamente bisogna definire la password per l'utente root ovvero colui che ha i massimi privilegi:

A questo punto se l'installazione di MySQL è andata a buon fine potete verificare lo stato del server tramite il terminale con il comando **mysql.server status**, se avviato è possibile entrare nella console di MySQL tramite il comando

    mysql -u root -p

Se tutto è stato installato correttamente vedrete questo nella vostra

shell:

```
Enter password:
Welcome to the MySQL monitor.  Commands end with ; or \g.
Your MySQL connection id is 8
Server version: 8.0.11 MySQL Community Server - GPL

Copyright (c) 2000, 2018, Oracle and/or its affiliates. All rights reserved.

Oracle is a registered trademark of Oracle Corporation and/or its
affiliates. Other names may be trademarks of their respective
owners.

Type 'help;' or '\h' for help. Type '\c' to clear the current input statement.

mysql>
```

Linux

Per gli utenti Linux l'installazione è davvero molto semplice infatti si può eseguire tutto tramite terminale.

Creare una cartella, muoversi all'interno di essa ed effettuare una *wget* con i seguenti comandi:

cd /mysql/

wget   https://dev.mysql.com/get/mysql-apt-config_0.8.12-1_all.deb

sudo dpkg -i mysql-apt-config_0.8.12-1_all.deb

Ti verrà chiesto cosa vuoi installare, assicurati di installare il server MySQL e, se hai intenzione di creare un'applicazione, puoi installare anche gli strumenti e connettori associati come da immagine:

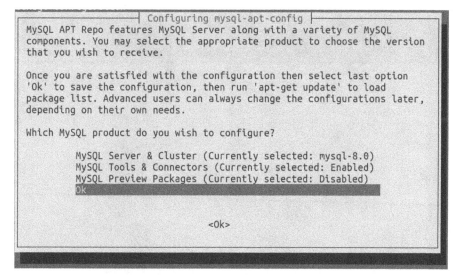

Adesso che il repository risulta installato, esegui questi comandi dal terminale per lanciare l'installazione:

sudo apt update

sudo apt install mysql-server mysql-client

In questo modo verrà installata l'ultima versione di MySQL e ti verrà chiesta la password per l'utente root ovvero colui che possiede i massimi privilegi:

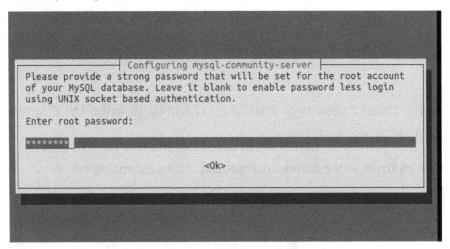

Ti verrà chiesto, inoltre, quale tipo di autenticazione usare (consigliamo *Strong Password Encryption):*

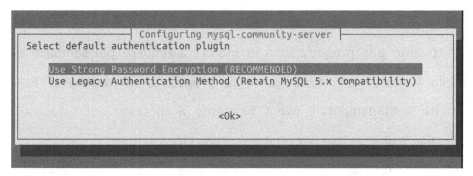

Una volta che l'installazione è completata si può effettuare l'accesso come utente root con il comando:

sudo mysql -u root -p

Inserire la password di root impostata precedentemente e, se non ci sono errori, verrà mostrato questo:

```
root@ip-172-31-44-56:/home/ubuntu# mysql -u root -p
Enter password:
Welcome to the MySQL monitor.  Commands end with ; or \g.
Your MySQL connection id is 5
Server version: 5.7.22-0ubuntu0.16.04.1 (Ubuntu)

Copyright (c) 2000, 2018, Oracle and/or its affiliates. All rights reserved.

Oracle is a registered trademark of Oracle Corporation and/or its
affiliates. Other names may be trademarks of their respective
owners.

Type 'help;' or '\h' for help. Type '\c' to clear the current input statement.

mysql>
```

Per iniziare

Abbiamo parlato ampiamente di come sia rapido lo sviluppo con questo database ma, come per tutte le cose, prima di iniziare effettuiamo una progettazione in modo da rendere più semplice e snella la nostra struttura. Come va progettato un database? Per iniziare è fondamentale avere in mente il contesto del database, utilizziamo un esempio per rendere meglio l'idea.

Creeremo un database per memorizzare i voti degli studenti universitari per ogni corso, potremmo creare una semplice tabella di questo tipo:

```
+---------+---------+----------------+------+
| Nome    | Cognome | NomeCorso      | Voto |
+---------+---------+----------------+------+
| Antonio | Rossi   | Lingua inglese |  28  |
| Filippo | Bianchi | Programmazione |  30  |
| Mario   | Verdi   | Programmazione |  29  |
+---------+---------+----------------+------+
```

Questo tipo di tabella non è ottimizzata infatti un primo limite si riscontra nel caso di omonimia: se ci sono due Antonio Rossi a quale ci stiamo riferendo?

A questo scopo possiamo introdurre un ID univoco (chiave) per ovviare a questo problema perciò la tabella si presenterebbe così:

```
+----+---------+---------+----------------+------+
```

```
| ID | Nome    | Cognome | NomeCorso       | Voto |
+----+---------+---------+-----------------+------+
|  1 | Antonio | Rossi   | Lingua inglese  |  28  |
|  2 | Filippo | Bianchi | Programmazione  |  30  |
|  3 | Mario   | Verdi   | Programmazione  |  29  |
+----+---------+---------+-----------------+------+
```

Penserai che a questo punto la tabella è perfetta, invece no. Mario Verdi infatti ha sostenuto un esame due volte, la prima ottenendo un voto basso (15) e la seconda con 29. Con l'attuale struttura, a meno di una chiave complessa con tutti i campi coinvolti, non è possibile inserire quest'informazione.

Potremmo inserire nuove colonne che indicano l'anno e il semestre ma è necessario comunque implementare una soluzione migliore.

Si potrebbero creare due tabelle distinte, una con i dettagli degli studenti (ID, Nome e Cognome) e una con i dettagli degli esami (ID studente, NomeCorso, Voto).

Implementando un buon disegno fin dall'inizio della progettazione si possono evitare molti refactoring e modifiche successive.

Chi progetta un database dovrebbe saper distinguere tra *entità* e *attributi*. Le entità sono oggetti di interesse per il database, ad esempio, il numero di cellulare di un utente difficilmente è un'entità del DB.

Se un oggetto ha più istanze che devono contenere dei dati allora l'oggetto sarà una entità così come è importante valutare se l'oggetto sarà spesso nullo. In caso di oggetti nulli sarebbe meglio modellarlo come entità piuttosto che come un attributo spesso vuoto.

Database

Show e Create

Dopo la fase di progettazione del database si inizia con la fase pratica che affronteremo qui e nei prossimi capitoli. Tutto parte dalla creazione di un database quindi dopo aver effettuato l'accesso a MySQL come root, possiamo vedere quali sono i database presenti e crearne di nuovi.

Possiamo vedere quali database sono definiti tramite il seguente comando:

```
mysql> SHOW DATABASES;
+--------------------+
| Database           |
+--------------------+
| gestione_cantieri  |
| information_schema |
| mysql              |
| performance_schema |
| sys                |
| world              |
+--------------------+
6 rows in set (0.00 sec)
```

E creare un nuovo database dal nome mia_applicazone tramite:

```
mysql> CREATE DATABASE mia_applicazone;
Query OK, 1 row affected (0.08 sec)
```

In questo caso siamo sicuri che il database non esista già ma se non dovessimo esserlo MySQL ci viene incontro con il seguente comando:

```
mysql> CREATE DATABASE IF NOT EXISTS
mia_applicazone;
Query OK, 1 row affected (0.10 sec)
```

Use

Ora che abbiamo creato il database dobbiamo indicare a MySQL che vogliamo lavorare con questo database:

```
mysql> USE mia_applicazone;
Database changed
```

Drop

Purtroppo in fase di battitura ho scritto male il nome del database perciò voglio cancellarlo interamente e ricrearlo. Attenzione! Questa operazione cancellerà tutte le tabelle che il database contiene, i suoi riferimenti, indici, colonne, riferimenti su disco a quel database utilizzati da MySQL.

```
mysql> DROP DATABASE mia_applicazone;
Query OK, 0 rows affected (0.18 sec)
```

Il numero di righe restituite nella risposta indica il numero di tabelle rimosse, nel mio caso è zero perchè non avevo ancora definito delle tabelle.

Anche per questo comando è possibile verificare che il database esista prima di procedere con la cancellazione. Qualora il database non esista si riceverà un errore MySQL di questo tipo:

```
mysql> DROP DATABASE mia_applicazone;
ERROR 1008 (HY000): Can't drop database
'mia_applicazone'; database doesn't exist

mysql> DROP DATABASE IF EXISTS mia_applicazone;
Query OK, 0 rows affected, 1 warning (0.05 sec)
```

A questo punto dopo aver cancellato il database con il nome sbagliato lo ricreo con il nome corretto e provo ad interrogare il sistema per vedere se ci sono studenti.

```
mysql> SELECT * FROM studente;
ERROR 1146 (42S02): Table
'mia_applicazione.studente' doesn't exist
```

Ho ottenuto un errore perché non esiste ancora una entità (tabella) con questo nome nel database perciò proseguiremo con la creazione delle tabelle.

Tabelle

Questa sezione esplora la strutture delle tabelle, in particolare, mostreremo come:

• Scegliere i nomi delle tabelle e crearle

• Capire e scegliere i tipi di colonna adatti agli attributi

• Comprendere e scegliere chiavi e indici

• Usare la funzione AUTO_INCREMENT

Create

Siamo pronti per creare la tabella *studente:*

```
mysql> CREATE TABLE IF NOT EXISTS studente (
    -> studente_id SMALLINT(5) NOT NULL DEFAULT 0,
    -> studente_nome CHAR(128) DEFAULT NULL,
    -> PRIMARY KEY (studente_id)
    -> );
Query OK, 0 rows affected (0.41 sec)
```

Nonostante MySQL riporti 0 righe modificate possiamo verificare che la tabella sia stata creata:

```
mysql> SHOW TABLES;
+---------------------------+
| Tables_in_mia_applicazione |
+---------------------------+
| studente                  |
+---------------------------+
1 row in set (0.01 sec)
```

Bene, abbiamo creato la tabella di nome *studente* con due attributi: *studente_id* e *studente_nome*.

Ma vediamoli nel dettaglio: la sintassi per gli attributi è: *nome tipo [NOT NULL | NULL] [DEFAULT valore]*.

Il nome si riferisce al nome della colonna, lungo al massimo 64 caratteri (come il nome del database) e non è consentitita punteggiatura e spazi bianchi tranne il carattere _.

Il tipo si riferisce al dato che verrà memorizzato ovvero **CHAR** per le stringhe, **SMALLINT** per i numeri, **TIMESTAMP** per data e ora.

I tipi di dati possibili sono molti e ora daremo una breve descrizione per i più usati:

- INT[(lunghezza)] [UNSIGNED] [ZEROFILL] è uno dei tipi più usati per memorizzare valori interi da -2,147,483,648 a 2,147,483,647, se c'è la clausola UNSIGNED il range varia da 0 a 4,294,967,295.

  La lunghezza indica la grandezza del numero e viene utilizzato specialmente con ZEROFILL per inserire degli 0 a sinistra del valore (es. 0022 per un INT (4) ZEROFILL);

- DECIMAL[(lunghezza[,decimali])] [UNSIGNED] [ZEROFILL] viene utilizzato per i valori numerici non interi ad esempio distanze o quantità. Dichiarando DECIMAL(4,2) possono essere usati valori da   -99,99 a 99,99. Le clausole UNSIGNED e ZEROFILL svolgono lo stesso lavoro visto in precedenza;

- DATE usata per la storicizzazione di date e può accettare diversi formati:
  - YYYY-MM-DD, YY-MM-DD ad esempio 2019-04-30
  - YYYY/MM/DD, YYYY:MM:DD, YY/MM/DD
  - YYYY-M-D, YYYY-MM-D, YYYY-M-DD
  - YYYYMMDD o YYMMDD
- TIME usato per la storicizzazione dell'orario e può accettare diversi formati:
  - DD HH:MM:SS, HH:MM:SS, DD HH:MM, HH:MM, DD HH, o SS dove DD indica i giorni
  - H:M:S
  - HHMMSS, MMSS e SS
- TIMESTAMP che memorizza data e ora nei formati:
  - YYYY-MM-DD HH:MM:SS o YY-MM-DD HH:MM:SS
  - YYYYMMDDHHMMSS o YYMMDDHHMMSS
- CHAR[(lunghezza)] è uno dei tipi più usati e memorizza dei valori di lunghezza definita. Se la lunghezza non viene definita assume 1 come valore predefinito mentre il valore massimo è 255.

Specificando **NOT NULL** la riga deve necessariamente avere un valore per questa colonna altrimenti fallirà la procedura di inserimento dati. Se questa clausola viene omessa la colonna può non avere valori.

La clausola **DEFAULT** viene usata per impostare un valore predefinito per la colonna quando non vengono forniti altri dati.

Infine abbiamo definito una *chiave primaria* cioè un valore univoco che identifica ogni singola riga nella tabella. In questo modo viene creato un *indice* il cui scopo è quello di velocizzare la ricerca usando la chiave primaria.

Possiamo vedere gli indici creati in una tabella:

```
mysql> SHOW INDEX FROM studente;
+---------+------------+----------+---------------+---
----------+----------+...
| Table | Non_unique | Key_name | Seq_in_index |
Column_name | Collation |...
+----------+------------+----------+---------------+-
------------+----------+...
| studente | 0 | PRIMARY | 1 | studente_id | A |...
+----------+------------+----------+---------------+-
------------+----------+...
... +------------+----------+--------+------+------
------+---------+
... | Cardinality | Sub_part | Packed | Null |
Index_type | Comment |
... +------------+----------+--------+------+------
------+---------+
```

```
...  |  1  |  NULL  |  |  |  BTREE  |  |
...  +-------------+----------+--------+-------+------
------+---------+
1 row in set (0.00 sec)
```

Insert

L'inserimento di dati nelle tabelle, di solito, viene effettuato quando si aggiungono dati tramite un'applicazione o quando si esegue il caricamento in massa di dati tramite batch.

E' fondamentale conoscere la struttura della tabella prima dell'inserimento e ciò è possibile tramite il comando:

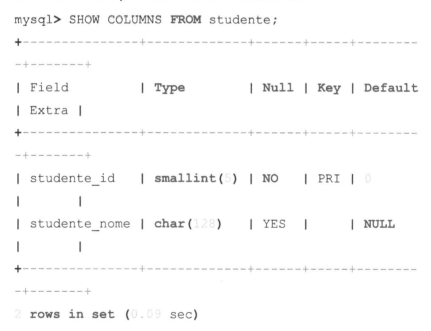

```
mysql> SHOW COLUMNS FROM studente;
+-------------+-------------+------+-----+--------
-+-------+
| Field        | Type         | Null | Key | Default
| Extra |
+-------------+-------------+------+-----+--------
-+-------+
| studente_id  | smallint(5) | NO   | PRI | 0
|      |
| studente_nome | char(128)   | YES  |     | NULL
|      |
+-------------+-------------+------+-----+--------
-+-------+
2 rows in set (0.09 sec)
```

Assumiamo di voler inserire due studenti in questa tabella, Filippo, Mario e Luca:

```
mysql> INSERT INTO studente VALUES (1, 'Filippo');
Query OK, 1 row affected (0.13 sec)


mysql> INSERT INTO studente VALUES (2, 'Mario');
Query OK, 1 row affected (0.10 sec)


mysql> INSERT INTO studente VALUES (2, 'Luca');
ERROR 1062 (23000): Duplicate entry '2' for key
'PRIMARY'
```

Abbiamo ottenuto un errore in quanto abbiamo cercato di aggiungere una nuova riga con ID pari a 2 all'interno della tabella e questo non è consentito in database relazionali.

Correggiamo lo statement e lo rieseguiamo:

```
mysql> INSERT INTO studente VALUES (3, 'Luca');
Query OK, 1 row affected (0.16 sec)
```

Potresti essere tentato dall'inserire un ID più alto in modo dinamico ma riceverai un errore in quanto non è possibile leggere e contemporaneamente scrivere sulla stessa tabella:

```
mysql> INSERT INTO studente VALUES ((SELECT
1+MAX(studente_id) FROM studente), 'Luca');
ERROR 1093 (HY000): You can't specify target table
'studente' for update in FROM clause
```

AUTO_INCREMENT

Per ovviare a questo problema MySQL dispone della funzione AUTO_INCREMENT che consente la creazione di un identificatore univoco per ogni riga anche senza conoscere l'ultimo identificatore inserito.

Cancelliamo la tabella precedente e la ricreiamo con AUTO_INCREMENT:

```
mysql> DROP TABLE IF EXISTS studente;
Query OK, 0 rows affected (0.25 sec)

mysql> CREATE TABLE studente (
    -> studente_id SMALLINT(5) NOT NULL
AUTO_INCREMENT,
    -> studente_nome CHAR(128) DEFAULT NULL,
    -> PRIMARY KEY (studente_id)
    -> );
Query OK, 0 rows affected (0.37 sec)
```

Adesso possiamo inserire delle righe all'interno della tabella passando
NULL come primo parametro:

```
mysql> INSERT INTO studente VALUES (NULL,
"Antonio");
Query OK, 1 row affected (0.15 sec)

mysql> INSERT INTO studente VALUES ("Marco");
ERROR 1136 (21S01): Column count doesnt match value
count at row 1

mysql> INSERT INTO studente VALUES (NULL, "Marco");
Query OK, 1 row affected (0.12 sec)

mysql> INSERT INTO studente VALUES (NULL,
"Giovanni");
Query OK, 1 row affected (0.06 sec)

mysql> SELECT * FROM studente;
+-------------+---------------+
| studente_id | studente_nome |
+-------------+---------------+
|           1 | Antonio       |
|           2 | Marco         |
|           3 | Giovanni      |
+-------------+---------------+
3 rows in set (0.00 sec)
```

Come abbiamo dimostrato, ad ogni nuova riga inserita viene dichiarato un nuovo ID univoco. La parola chiave AUTO_INCREMENT indica a MySQL che se non viene fornito un valore per la colonna *studente_id,* deve essere assegnato un valore superiore al massimo attualmente memorizzato in quella colonna in quella tabella.

La funzione AUTO_INCREMENT ha i seguenti requisiti:

• La colonna su cui viene utilizzato deve essere indicizzata;

• Sulla colonna con AUTO_INCREMENT non può esserci un DEFAULT;

• E' possibile usare solo una colonna AUTO_INCREMENT per tabella.

Select

Ad ogni inserimento MySQL ci informerà riguardo quante righe sono state inserite correttamente, ad ogni modo, possiamo verificare quante righe sono presenti in una tabella tramite il seguente comando:

```
mysql> SELECT * FROM studente;
+--------------+----------------+
| studente_id  | studente_nome  |
+--------------+----------------+
|            1 | Filippo        |
|            2 | Mario          |
|            3 | Luca           |
+--------------+----------------+
3 rows in set (0.00 sec)
```

L'output è composto da tre righe ognuna delle quali con uno *studente_id* diverso e da uno *studente_nome*, potremmo anche selezionare quali colonne mostrare come output:

```
mysql> SELECT studente_nome FROM studente;
+----------------+
| studente_nome  |
+----------------+
| Filippo        |
| Mario          |
| Luca           |
+----------------+
3 rows in set (0.00 sec)
```

Introduciamo, adesso, una nuova clausola molto semplice da usare ma davvero utile per applicare un filtro.

Supponiamo di voler recuperare tutte le informazioni dello studente con ID pari a 3:

```
mysql> SELECT * FROM studente WHERE studente_id = 3;
+--------------+----------------+
| studente_id  | studente_nome  |
+--------------+----------------+
|           3  | Luca           |
+--------------+----------------+
1 row in set (0.00 sec)
```

Se cerchiamo un ID che non esiste MySQL, ovviamente, restituisce un insieme vuoto:

```
mysql> SELECT * FROM studente WHERE studente_id = 4;
Empty set (0.00 sec)
```

Dopo aver effettuato la query MySQL ci restituisce tutti gli elementi che rispettano il filtro, in questo caso soltanto uno.

Possiamo anche selezionare tutti gli studenti che si chiamano Mario:

```
mysql> SELECT * FROM studente WHERE studente_nome =
'mario';
+-------------+---------------+
| studente_id | studente_nome |
+-------------+---------------+
|           2 | Mario         |
+-------------+---------------+
1 row in set (0.00 sec)
```

Come puoi notare nonostante io abbia cercato mario nel filtro, MySQL ha restituito la riga dove il nome è Mario questo indica che il database è *case-insensitive* quando si tratta di ricerca.

Andiamo avanti con le comuni ricerche, cerchiamo tutti coloro che hanno un ID minore di 3:

```
mysql> SELECT * FROM studente WHERE studente_id < 3;
+-------------+---------------+
| studente_id | studente_nome |
+-------------+---------------+
|           1 | Filippo       |
|           2 | Mario         |
+-------------+---------------+
2 rows in set (0.01 sec)
```

Cerchiamo tutti gli studenti che hanno un nome diverso da Mario:

```
mysql> SELECT * FROM studente WHERE studente_id <>
1;
+--------------+----------------+
| studente_id | studente_nome |
+--------------+----------------+
|            2 | Mario          |
|            3 | Luca           |
+--------------+----------------+
2 rows in set (0.00 sec)
```

Inseriamo altri elementi nella tabella per avere una tabella più corposa ed eseguiamo una ricerca con condizioni AND e OR. In particolare nella prima *select* cerchiamo lo studente con ID pari a 4 e di nome Rocco, nella seconda cerchiamo lo studente di nome Donato o lo studente con ID pari a 2.

```
mysql> INSERT INTO studente VALUES (4, 'Rocco');
Query OK, 1 row affected (0.12 sec)

mysql> INSERT INTO studente VALUES (5, 'Alberto');
Query OK, 1 row affected (0.13 sec)

mysql> INSERT INTO studente VALUES (6, 'Donato');
Query OK, 1 row affected (0.09 sec)

mysql> INSERT INTO studente VALUES (7, 'Nicola');
```

```
Query OK, 1 row affected (0.08 sec)


mysql> SELECT * FROM studente WHERE studente_id = 4
AND studente_nome = 'Rocco';


+-------------+---------------+
| studente_id | studente_nome |
+-------------+---------------+
|           4 | Rocco         |
+-------------+---------------+
1 row in set (0.00 sec)


mysql> SELECT * FROM studente WHERE studente_nome =
'Donato' OR studente_id = 2;


+-------------+---------------+
| studente_id | studente_nome |
+-------------+---------------+
|           2 | Mario         |
|           6 | Donato        |
+-------------+---------------+
2 rows in set (0.00 sec)
```

Update

Supponiamo di voler aggiornare un valore all'interno della tabella definita precedentemente. L'ID 6 non si riferisce allo studente Donato ma allo studente di nome Pietro.

```
mysql> UPDATE studente SET studente_nome = 'Pietro'
WHERE studente_nome = 'Donato';
Query OK, 1 row affected (0.09 sec)
Rows matched: 1  Changed: 1  Warnings: 0
```

In questo modo MySQL ci comunica che ha trovato soltanto una riga di nome Donato e su una riga ha effettuato la modifica richiesta.

Delete

Nel caso in cui volessimo iniziare un nuovo anno accademico o un nuovo corso di laurea potremmo eliminare tutte le righe o solo alcune di esse. Se non aggiungiamo alcun filtro verranno eliminate tutte le righe contenute nella tabella:

```
mysql> DELETE FROM studente;
Query OK, 7 rows affected (0.29 sec)
```

Possiamo cancellare alcune righe ad esempio, cancelleremo solo gli studenti con ID maggiore di 5.

```
mysql> DELETE FROM studente WHERE studente_id > 5;
Query OK, 2 rows affected (0.16 sec)

mysql> SELECT * FROM studente;
+-------------+---------------+
| studente_id | studente_nome |
+-------------+---------------+
|           1 | Filippo       |
|           2 | Mario         |
|           3 | Luca          |
|           4 | Rocco         |
|           5 | Alberto       |
+-------------+---------------+
5 rows in set (0.00 sec)
```

Drop

Eliminare una tabella è molto semplice in MySQL ed è fondamentale in fase di riorganizzazione della struttura del database:

```
mysql> DROP TABLE IF EXISTS studente;
Query OK, 5 rows affected (0.26 sec)
```

Funzioni di ordinamento

Limit

La clausola LIMIT è uno strumento non standard per controllare quali righe vengono restituite come output ed è prevalentemente usata quando desideriamo limitare la quantità di dati da trasmettere su una rete.

E' possibile usarla, ad esempio, per mostrare solo 2 studenti tramite un'applicazione Web:

```
mysql> SELECT * FROM studente;
+-------------+---------------+
| studente_id | studente_nome |
+-------------+---------------+
|           1 | Antonio       |
|           2 | Marco         |
|           3 | Giovanni      |
|           4 | Mirko         |
|           5 | Valerio       |
+-------------+---------------+
5 rows in set (0.00 sec)

mysql> SELECT studente_nome FROM studente LIMIT 2;
+---------------+
| studente_nome |
+---------------+
| Antonio       |
| Marco         |
```

```
+--------------+
```
2 **rows in set (**0.00 sec**)**

Tale clausola è particolarmente utile quando la tabella contiene molte righe, risparmiando i costi del buffering. E' possibile anche mostrare a partire dalla posizione X le prime Y righe con il seguente comando:

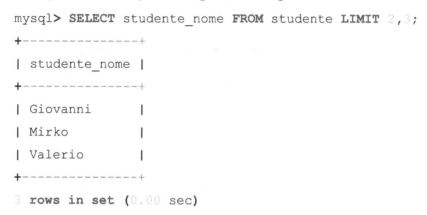

```
mysql> SELECT studente_nome FROM studente LIMIT 2,3;
+---------------+
| studente_nome |
+---------------+
| Giovanni      |
| Mirko         |
| Valerio       |
+---------------+
3 rows in set (0.00 sec)
```

Like

A volte è necessario trovare le corrispondenze di stringhe che iniziano con un prefisso, suffisso o semplicemente che contengono una stringa.

Ad esempio vogliamo cercare tutti i nomi di studente che hanno il suffisso "io", questo è possibile grazie alla clausola LIKE:

```
mysql> SELECT * FROM studente WHERE studente_nome
LIKE '%IO';
+-------------+----------------+
| studente_id | studente_nome  |
+-------------+----------------+
|           1 | Antonio        |
|           5 | Valerio        |
+-------------+----------------+
2 rows in set (0.00 sec)
```

La clausola LIKE è utilizzata solo con le stringhe e serve a soddisfare lo schema specificato, ad esempio, abbiamo usato *'%IO'* per indicare zero o più caratteri seguiti dalla stringa *IO*.

Spesso viene usato il carattere jolly % per indicare tutte le stringhe possibili.

La stessa cosa è possibile per cercare stringhe con prefissi:

```
mysql> SELECT * FROM studente WHERE studente_nome
LIKE 'MARCO%';
+------------+---------------+
| studente_id | studente_nome |
+------------+---------------+
|           2 | Marco         |
|           6 | Marco Antonio |
+------------+---------------+
2 rows in set (0.00 sec)
```

Un altro carattere jolly che è possibile usare è il carattere underscore (
_) che mappa esattamente la lunghezza della parola che stiamo
cercando ad esempio:

```
mysql> SELECT * FROM studente WHERE studente_nome
LIKE 'M____';
+------------+---------------+
| studente_id | studente_nome |
+------------+---------------+
|           2 | Marco         |
|           4 | Mirko         |
+------------+---------------+
2 rows in set (0.00 sec)
```

Adesso che conosciamo le principali condizioni per filtrare i risultati di una query generica iniziamo a combinarli con gli operatori logici in modo da creare query più complesse.

Cerchiamo tutti gli studenti con nome che non inizi per M con lunghezza 5 e che non inizi per A.

```
mysql> SELECT * FROM studente WHERE studente_nome
    -> NOT LIKE 'M____'
    -> AND studente_nome NOT LIKE 'A%';
+-------------+----------------+
| studente_id | studente_nome  |
+-------------+----------------+
|           3 | Giovanni       |
|           5 | Valerio        |
|           6 | Marco Antonio  |
+-------------+----------------+
3 rows in set (0.00 sec)
```

Cerchiamo tutti gli studenti nel cui nome è presente la stringa *IO*:

```
mysql> SELECT * FROM studente WHERE studente_nome
LIKE '%IO%';
+-------------+----------------+
| studente_id | studente_nome  |
+-------------+----------------+
|           1 | Antonio        |
|           3 | Giovanni       |
|           5 | Valerio        |
|           6 | Marco Antonio  |
+-------------+----------------+
4 rows in set (0.00 sec)
```

Order by

Fino ad ora abbiamo visto come filtrare il risultato ma non su come viene rappresentato. MySQL dispone della clausola ORDER BY che serve per ordinare i risultati solo in fase di visualizzazione perciò non verrà in alcun modo riorganizzata la tabella.

La sintassi è davvero semplice e "parlante":

```
mysql> SELECT * FROM studente ORDER BY
studente_nome;
+-------------+---------------+
| studente_id | studente_nome |
+-------------+---------------+
|           1 | Antonio       |
|           3 | Giovanni      |
|           2 | Marco         |
|           6 | Marco Antonio |
|           4 | Mirko         |
|           5 | Valerio       |
+-------------+---------------+
6 rows in set (0.02 sec)
```

La clausola richiede la colonna su cui eseguire l'ordinamento che sarà usata come chiave e nel nostro esempio abbiamo scelto *studente_nome*.

L'ordinamento predefinito, ovvero senza alcun parametro dopo il nome della colonna, è *case insensitive* ed in ordine crescente dato che si tratta di stringhe perciò dalla A alla Z.

Introduciamo una nuova colonna alla tabella *studente* che ci servirà anche per le prossime funzioni, la colonna che introduciamo rappresenta il voto medio dello studente e può essere NULL in caso lo studente non abbia sostenuto alcun esame.

Aggiungiamo alcuni valori per la colonna appena creata:

```
mysql> ALTER TABLE studente ADD COLUMN voto_medio
DECIMAL(4,2) DEFAULT NULL;
Query OK, 0 rows affected (1.14 sec)
Records: 0  Duplicates: 0  Warnings: 0


mysql> SELECT * FROM studente;
+--------------+----------------+------------+
| studente_id  | studente_nome  | voto_medio |
+--------------+----------------+------------+
|            1 | Antonio        |       NULL |
|            2 | Marco          |       NULL |
|            3 | Giovanni       |       NULL |
|            4 | Mirko          |       NULL |
|            5 | Valerio        |       NULL |
|            6 | Marco Antonio  |       NULL |
+--------------+----------------+------------+
6 rows in set (0.00 sec)
```

```
mysql> UPDATE STUDENTE SET voto_medio = 23.44 where
studente_id = 1;
Query OK, 1 row affected (0.12 sec)
Rows matched: 1   Changed: 1   Warnings: 0

mysql> UPDATE STUDENTE SET voto_medio = 28.83 where
studente_id = 2;
Query OK, 1 row affected (0.12 sec)
Rows matched: 1   Changed: 1   Warnings: 0


......
```

Dopo aver aggiunto alcuni valori la situazione è la seguente:

```
mysql> SELECT * FROM studente;
+-------------+----------------+------------+
| studente_id | studente_nome  | voto_medio |
+-------------+----------------+------------+
|           1 | Antonio        |      23.44 |
|           2 | Marco          |      28.83 |
|           3 | Giovanni       |      22.00 |
|           4 | Mirko          |      29.50 |
|           5 | Valerio        |      28.83 |
|           6 | Marco Antonio  |       NULL |
+-------------+----------------+------------+
6 rows in set (0.00 sec)
```

Torniamo alla clausola ORDER BY e cerchiamo i voti medi ordinandoli dal più alto al più basso:

```
mysql> SELECT voto_medio FROM studente ORDER BY
voto_medio DESC;
+------------+
| voto_medio |
+------------+
|      29.50 |
|      28.83 |
|      28.83 |
|      23.44 |
|      22.00 |
|       NULL |
+------------+
```

```
6 rows in set (0.00 sec)
```

Tramite la parola chiave DESC dopo la colonna da ordinare abbiamo ordinato i valori in modo decrescente.

Come possiamo notare nella colonna *voto_medio* ci sono due valori uguali, per evitare questa collisione possiamo ordinare i valori in base a più colonne. Nel nostro esempio ordineremo le colonne per voto medio e nome dello studente.

```
mysql> SELECT voto_medio, studente_nome
    -> FROM studente
    -> ORDER BY voto_medio, studente_nome DESC;
+------------+----------------+
| voto_medio | studente_nome  |
+------------+----------------+
|       NULL | Marco Antonio  |
|      22.00 | Giovanni       |
|      23.44 | Antonio        |
|      28.83 | Valerio        |
|      28.83 | Marco          |
|      29.50 | Mirko          |
+------------+----------------+
6 rows in set (0.00 sec)
```

Finora abbiamo visto alcune clausole e interrogazioni su una singola tabella ma nel prossimo capitolo creeremo relazioni tra tabelle utili ad "incrociare" i dati e a creare un database ben strutturato.

Relazioni tra tabelle

Passiamo adesso dalle query su singola tabella a più tabelle. Per comprendere meglio i nostri esempi assumiamo che ogni studente abbia un tutor a sua disposizione e un tutor possa seguire più studenti. Creiamo la tabella tutor con le informazioni del tutor e gli ID degli studenti che segue:

```
mysql> CREATE TABLE IF NOT EXISTS tutor (
    -> tutor_id SMALLINT(5) NOT NULL AUTO_INCREMENT,
    -> tutor_nome CHAR(128) NOT NULL,
    -> stud_assegnato SMALLINT(5),
    -> PRIMARY KEY (tutor_id),
    -> FOREIGN KEY (stud_assegnato) REFERENCES
studente(studente_id)
    -> );
Query OK, 0 rows affected (0.54 sec)

mysql> INSERT INTO tutor VALUES (NULL, 'Tutor 1',
1);
Query OK, 1 row affected (0.13 sec)

mysql> INSERT INTO tutor VALUES (NULL, 'Tutor 1',
2);
Query OK, 1 row affected (0.10 sec)

mysql> INSERT INTO tutor VALUES (NULL, 'Tutor 1',
3);
Query OK, 1 row affected (0.07 sec)
```

```
mysql> INSERT INTO tutor VALUES (NULL, 'Tutor 2',
4);
Query OK, 1 row affected (0.07 sec)

mysql> INSERT INTO tutor VALUES (NULL, 'Tutor 3',
5);
Query OK, 1 row affected (0.05 sec)

mysql> INSERT INTO tutor VALUES (NULL, 'Tutor 3',
6);
Query OK, 1 row affected (0.09 sec)

mysql> INSERT INTO tutor VALUES (NULL, 'Tutor 3',
7);
ERROR 1452 (23000): Cannot add or update a child
row: a foreign key
constraint fails (`mia_applicazione`.`tutor`,
CONSTRAINT `tutor_ibfk_1`
FOREIGN KEY (`stud_assegnato`) REFERENCES `studente`
(`studente_id`))

mysql> INSERT INTO tutor VALUES (NULL, 'Tutor 4',
NULL);
Query OK, 1 row affected (0.09 sec)

mysql> SELECT * FROM tutor;
+----------+------------+----------------+
| tutor_id | tutor_nome | stud_assegnato |
```

```
+------------+-------------+------------------+
|          1 | Tutor 1     |                1 |
|          2 | Tutor 1     |                2 |
|          3 | Tutor 1     |                3 |
|          4 | Tutor 2     |                4 |
|          5 | Tutor 3     |                5 |
|          6 | Tutor 3     |                6 |
|          7 | Tutor 4     |             NULL |
+------------+-------------+------------------+
7 rows in set (0.00 sec)
```

La creazione della tabella è simile a quella usata per la tabella studente ma abbiamo usato un vincolo in più ovvero abbiamo indicato a MySQL che esiste la colonna *stud_assegnato* che fa riferimento alla tabella *studente* ed in particolare alla colonna denominata *studente_id*.

Abbiamo popolato la tabella inserendo il nome dei tutor e gli studenti assegnati ad ogni tutor ma quando abbiamo assegnato al Tutor 3 lo studente con ID 7, abbiamo ricevuto un errrore.

L'errore è abbastanza descrittivo ovvero MySQL riferisce che non è stato definito uno studente con ID pari a 7 quindi non è possibile assegnarlo ad un tutor.

Left join

Utilizzando la clausola LEFT JOIN se una riga della tabella 1 corrisponde ad una riga della tabella 2 questa viene selezionata e accoppiata alla riga corrispondente, se invece non c'è una riga corrispondente nella tabella 2 questa viene accoppiata con una riga NULL.

Il diagramma di Venn ci aiuta a capire meglio come funziona la LEFT JOIN. Bisogna considerare l'intersezione tra i due cerchi più tutta l'area che fa parte di T1:

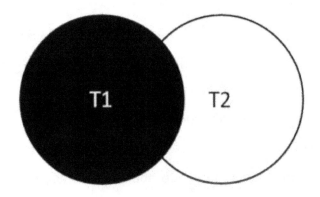

Adesso traduciamo quanto ci siamo detti nella sintassi SQL:

```
mysql> SELECT t.tutor_nome, s.studente_nome
    -> FROM tutor t
    -> LEFT JOIN studente s
    -> ON t.stud_assegnato = s.studente_id;
+------------+----------------+
| tutor_nome | studente_nome  |
+------------+----------------+
| Tutor 1    | Antonio        |
| Tutor 1    | Marco          |
| Tutor 1    | Giovanni       |
| Tutor 2    | Mirko          |
| Tutor 3    | Valerio        |
| Tutor 3    | Marco Antonio  |
| Tutor 4    | NULL           |
+------------+----------------+
7 rows in set (0.00 sec)
```

In questo caso notiamo che abbiamo definito un alias per entrambe le tabelle *tutor* e *studente,* rispettivamente *t* e *s.* La creazione di alias ci consente di scrivere più velocemente le query.

Il risultato invece mostra quanto abbiamo spiegato precedentemente, ogni riga che trova una corrispondenza con la tabella degli studenti viene accoppiata, la riga che fa riferimento a Tutor 4 non trova accoppiamento e quindi viene abbinata a NULL.

Inner join

La clausola INNER JOIN ha sostanzialmente la stessa struttura della LEFT JOIN ma restituisce un risultato diverso. Con la INNER JOIN si fa riferimento solo alle righe nella tabella 1 che trovano una corrispondenza nella tabella 2.

Nel seguente diagramma di Venn bisogna considerare l'intersezione dei due cerchi ovvero la parte colorata di nero:

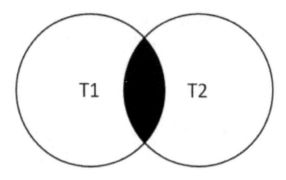

Anche in questo caso traduciamo in SQL ciò che abbiamo visto graficamente:

```
mysql> SELECT t.tutor_nome, s.studente_nome
    -> FROM tutor t
    -> INNER JOIN studente s
    -> ON t.stud_assegnato = s.studente_id;
+------------+----------------+
| tutor_nome | studente_nome  |
+------------+----------------+
| Tutor 1    | Antonio        |
| Tutor 1    | Marco          |
| Tutor 1    | Giovanni       |
| Tutor 2    | Mirko          |
| Tutor 3    | Valerio        |
| Tutor 3    | Marco Antonio  |
+------------+----------------+
6 rows in set (0.00 sec)
```

Nel risultato non vediamo il Tutor 4 perchè non ha uno studente assegnato invece per tutti gli altri c'è una corrispondenza.

Right join

La clausola RIGHT JOIN è praticamente identica alla LEFT JOIN ma al contrario pertanto verranno selezionate tutte le righe nella tabella 2. Quelle che hanno una corrispondenza nella tabella 1 verranno mostrate associate al valore della tabella 1, quelle senza corrispondenza verranno associate a NULL.

Per mostrare l'efficacia di questa clausola abbiamo inserito lo studente Filippo che non ha un tutor associato e non ha un voto medio.

Noteremo che verranno restituiti tutti gli studenti e per ognuno di loro ci sarà il tutor di riferimento tranne per Filippo che è l'ultimo aggiunto e per lui nella colonna *tutor_nome* troveremo NULL.

```
mysql> INSERT INTO studente VALUES (NULL, 'Filippo',
NULL);
Query OK, 1 row affected (0.16 sec)

mysql> SELECT t.tutor_nome, s.studente_nome
    -> FROM tutor t
    -> RIGHT JOIN studente s
    -> ON t.stud_assegnato = s.studente_id;
+------------+---------------+
| tutor_nome | studente_nome |
+------------+---------------+
| Tutor 1    | Antonio       |
| Tutor 1    | Marco         |
| Tutor 1    | Giovanni      |
```

```
| Tutor 2     | Mirko          |
| Tutor 3     | Valerio        |
| Tutor 3     | Marco Antonio  |
| NULL        | Filippo        |
+-------------+----------------+
7 rows in set (0.00 sec)
```

Funzioni di aggregazione

Le funzioni di aggregazione sono particolarmente utili per scoprire le caratteristiche di un gruppo di righe. Possiamo sapere quante righe ci sono in una tabella, eliminare quelle duplicate, trovare massimo e minimo e media. Nel nostro esempio andremo ad analizzare queste funzioni ed in particolare troveremo il voto medio più basso di tutti gli studenti, il voto medio più alto e tanto altro.

MIN

La funzione MIN è molto semplice da usare e restituisce il valore minimo in una colonna. Vengono considerati solo i valori definiti e quindi diversi da NULL.

In questo caso restituiremo il voto medio più basso ma funziona anche con le stringhe infatti ci restituirà il primo nome in ordine alfabetico:

```
mysql> SELECT MIN(voto_medio) FROM studente;
+-----------------+
| MIN(voto_medio) |
+-----------------+
|           22.00 |
+-----------------+
1 row in set (0.03 sec)

mysql> SELECT MIN(studente_nome) FROM studente;
+--------------------+
```

```
| MIN(studente_nome) |
+--------------------+
| Antonio            |
+--------------------+
1 row in set (0.00 sec)
```

MAX

La funzione MAX è esattamente l'opposto della funzione MIN come vedremo dagli esempi seguenti:

```
mysql> SELECT MAX(voto_medio) FROM studente;
+-----------------+
| MAX(voto_medio) |
+-----------------+
|           29.50 |
+-----------------+
1 row in set (0.00 sec)


mysql> SELECT MAX(studente_nome) FROM studente;
+--------------------+
| MAX(studente_nome) |
+--------------------+
| Valerio            |
+--------------------+
1 row in set (0.00 sec)
```

AVG

Restituisce la media dei valori nella colonna specificata per tutte le righe in una colonna. Nel nostro esempio restituiremo la media dei voti medi degli studenti, ovviamente la funzione AVG non considera i valori NULL e non funziona sulle colonne contenti stringhe infatti restituirà 0.

```
mysql> SELECT AVG(voto_medio) FROM studente;
+-----------------+
| AVG(voto_medio) |
+-----------------+
|       26.520000 |
+-----------------+
1 row in set (0.00 sec)

mysql> SELECT AVG(studente_nome) FROM studente;
+--------------------+
| AVG(studente_nome) |
+--------------------+
|                  0 |
+--------------------+
1 row in set, 7 warnings (0.02 sec)
```

SUM

La funzione SUM restituisce la somma dei valori delle righe in una colonna o in un gruppo. Pensiamo a quanto può essere d'aiuto questa funzione in una tabella con migliaia di record e così avremo un'idea del lavoro che MySQL svolge per noi.

Andremo a calcolare la somma dei voti medi di tutti gli studenti e successivamente calcoleremo la somma dei voti medi degli studenti con ID minore di 4.

```
mysql> SELECT SUM(voto_medio) FROM studente;
+-----------------+
| SUM(voto_medio) |
+-----------------+
|          132.60 |
+-----------------+
1 row in set (0.00 sec)

mysql> SELECT SUM(voto_medio) FROM studente WHERE
studente_id < 4;
+-----------------+
| SUM(voto_medio) |
+-----------------+
|           74.27 |
+-----------------+
1 row in set (0.00 sec)
```

COUNT

La funzione COUNT restituisce il numero di righe in una colonna o in un gruppo con delle condizioni specifiche. La funzione COUNT diversamente dalle altre, tiene in considerazione sia i valori NULL che quelli non NULL. Andiamo a contare quante righe ci sono nelle nostre due tabelle: *studenti* e *tutor*.

```
mysql> SELECT COUNT(*) FROM studente;
+----------+
| COUNT(*) |
+----------+
|        7 |
+----------+
1 row in set (0.00 sec)

mysql> SELECT COUNT(*) FROM tutor;
+----------+
| COUNT(*) |
+----------+
|        7 |
+----------+
1 row in set (0.00 sec)
```

Specificando la colonna su cui si vuole effettuare la COUNT verranno contati solo i valori non NULL.

```
mysql> SELECT * FROM studente;
+-------------+---------------+------------+
| studente_id | studente_nome | voto_medio |
+-------------+---------------+------------+
|           1 | Antonio       |      23.44 |
|           2 | Marco         |      28.83 |
|           3 | Giovanni      |      22.00 |
|           4 | Mirko         |      29.50 |
|           5 | Valerio       |      28.83 |
|           6 | Marco Antonio |       NULL |
|           7 | Filippo       |       NULL |
+-------------+---------------+------------+
7 rows in set (0.00 sec)

mysql> SELECT COUNT(voto_medio) FROM studente;
+-------------------+
| COUNT(voto_medio) |
+-------------------+
|                 5 |
+-------------------+
1 row in set (0.00 sec)
```

Contiamo quanti studenti di nome Antonio esistono nella nostra tabella:

```
mysql> SELECT COUNT(voto_medio)
    -> FROM studente
```

```
    -> WHERE studente_nome = 'Antonio';
+--------------------+
| COUNT(voto_medio)  |
+--------------------+
|                  1 |
+--------------------+
1 row in set (0.00 sec)
```

DISTINCT

Quando si effettuano le interrogazioni delle tabelle è possibile che ci siano delle righe duplicate come abbiamo notato prima per alcuni valori del voto medio degli studenti.

In tal caso possiamo eliminare questi valori aggiungendo la clausola DISTINCT alla SELECT in modo da filtrare questi casi.

```
mysql> SELECT voto_medio FROM studente;
+------------+
| voto_medio |
+------------+
|      23.44 |
|      28.83 |
|      22.00 |
|      29.50 |
|      28.83 |
|       NULL |
|       NULL |
+------------+
7 rows in set (0.00 sec)

mysql> SELECT DISTINCT voto_medio FROM studente;
+------------+
| voto_medio |
+------------+
|      23.44 |
|      28.83 |
```

```
|        22.00  |
|        29.50  |
|          NULL |
+--------------+
5 rows in set (0.00 sec)
```

E' evidente che i valori duplicati all'interno della colonna erano due ovvero 28.83 e NULL. Con la clausola DISTINCT abbiamo eliminato questi valori solo in fase di visualizzazione del risultato, i dati all'interno della tabella non sono stati alterati in alcun modo.

GROUP BY

Questa clausola è di solito usata per creare dei sottogruppi delle righe come sommario dei valori delle righe o di espressioni. GROUP BY restituisce una sola riga per ogni gruppo e in pratica riduce il numero di righe nel result set. In particolare possiamo ritenerlo utile quando abbiamo una lista della spesa e vogliamo il totale degli alimenti, il totale dei detersivi, il totale degli oggetti per la casa ecc. ma sono tutti contenuti in un'unica lista. Questa clausola deve comparire dopo le clausole FROM e WHERE come nell'esempio:

```
mysql> SELECT voto_medio, COUNT(*)
    -> FROM studente
    -> WHERE studente_id <= 6
    -> GROUP BY voto_medio;
+------------+----------+
| voto_medio | COUNT(*) |
+------------+----------+
|      23.44 |        1 |
|      28.83 |        2 |
|      22.00 |        1 |
|      29.50 |        1 |
|       NULL |        1 |
+------------+----------+
5 rows in set (0.00 sec)
```

In questo esempio abbiamo cercato tutti gli studenti con ID minore o uguale a 6 e li abbiamo raggruppati per voto medio ed è emerso che due di loro hanno un voto medio identico ovvero 28.83.

HAVING

Un'altra clausola importante per l'aggregazione dei dati è HAVING, la quale è di solito usata insieme ad una SELECT per specificare il filtro di un gruppo di righe.

Questa clausola deve essere sempre posta dopo la GROUP BY altrimenti si comporta come una semplice condizione WHERE. La differenza tra le due è che HAVING applica il filtro ad un gruppo di righe (ecco perchè ha senso dopo una GROUP BY) mentre WHERE applica il filtro ad ogni singola riga.

L'università decide di promuovere i primi 6 studenti immatricolati e con una media superiore o uguale a 28.

Dato che tu gestisci il database la richiesta viene rivolta a te che dovrai effettuare l'estrazione richiesta.

Possiamo riprendere l'esempio precedente aggiungendo una condizione, ovvero, stiamo cercando tutti gli studenti con ID minore di 7 (cioè minore o uguale a 6), raggruppandoli per voto medio e che abbiamo un voto medio maggiore di 28.

```
mysql> SELECT voto_medio, COUNT(*)
    -> FROM studente
    -> WHERE studente_id <= 6
    -> GROUP BY voto_medio
    -> HAVING voto_medio >= 28;
+-------------+----------+
| voto_medio  | COUNT(*) |
+-------------+----------+
|       28.83 |        2 |
|       29.50 |        1 |
+-------------+----------+
2 rows in set (0.00 sec)
```

L'università decide di promuovere i primi 6 studenti immatricolati e con una media superiore o uguale a 28.

Dato che tu gestisci il database la richiesta viene rivolta a te che dovrai effettuare l'estrazione richiesta.

Possiamo riprendere l'esempio precedente aggiungendo una condizione, ovvero, stiamo cercando tutti gli studenti con ID minore di

7 (cioè minore o uguale a 6), raggruppandoli per voto medio e che abbiamo un voto medio maggiore di 28.

IS NULL

L'università decide di interpellare gli studenti che non hanno ancora sostenuto alcun esame per capire dove incontrano le difficoltà maggiori pertanto ti chiedono un'estrazione con relativi nomi degli studenti e dei tutor.

Per eseguire questa query dovremo selezionare il nome del tutor e dello studente, effettuare una join tra le due tabelle coinvolte e cercare gli utenti che hanno valore medio NULL.

Eseguiamo questa query all'interno del nostro database:

```
mysql> SELECT t.tutor_nome, s.studente_nome
    -> FROM tutor t
    -> RIGHT JOIN studente s
    -> ON t.stud_assegnato = s.studente_id
    -> WHERE s.voto_medio IS NULL;
+------------+----------------+
| tutor_nome | studente_nome  |
+------------+----------------+
| Tutor 3    | Marco Antonio  |
| NULL       | Filippo        |
+------------+----------------+
2 rows in set (0.00 sec)
```

Come possiamo vedere Filippo non ha un tutor assegnato pertanto il nome del tutor sarà NULL.

MySQL Workbench

Di cosa si tratta

Dopo aver imparato la sintassi ed averla applicata tramite il terminale, rendiamo il tutto ancora più semplice mostrando MySQL Workbench.

Questo strumento consente di amministrare, creare e modificare un database, tutte le sue tabelle, i vincoli e le chiavi definite attraverso un editor grafico.

Possiamo salutare la visualizzazione della riga comandi e possiamo vedere le tabelle definite in una veste tutta nuova e, forse, più gradevole all'occhio umano.

Durante l'installazione della Workbench è stata automaticamente creata una connessione pertanto aprite il programma denominato "MySQL Workbench 8.0 CE" e questo è ciò che vedrete:

Qualora non ci fossero delle connessioni definite premete sul pulsante + per aggiungerne di nuove.

Cliccate sull'istanza mostrata e vi verrà chiesta la password dell'utente root.

Le funzioni

A questo punto troverete un pannello laterale dove sono definiti i vostri database tra cui *mia_applicazione* che abbiamo definito all'inizio. Cliccando sui database potete vederne la struttura, le loro tabelle, gli indici, le chiavi ecc.

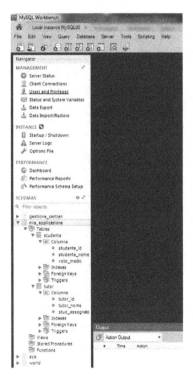

Selezionando una tabella, premere click destro e selezionando la prima voce: *Select Rows - Limit 1000* verrà effettuata in automatico un'interrogazione al database restituendo le prime 1000 righe.

Fantastico vero? Inoltre potrai modificare i valori direttamente all'interno delle celle senza passare dalla sintassi SQL, l'editor si occuperà di generare ed eseguire la giusta query per te.

Supponiamo di voler modificare il valore del voto medio di Valerio, basterà effettuare doppio click nella cella, aggiornare il valore e premere sul pulsante *Apply* situato sulla destra come da immagine.

Nel caso in cui avessimo eseguito per errore un'operazione, niente panico, possiamo tornare indietro in qualsiasi momento grazie al tasto *Revert*.

La sezione sopra la visualizzazione dei risultati può essere intesa come una vera e propria console quindi potremo scrivere lì le nostre query e premere sull'icona del fulmine per eseguirla.

Le sezioni

Sulla spalla sinistra tra i vari comandi di *MANAGEMENT* troviamo *Server status* che ci consente di monitorare lo stato del nostro server MySQL ovvero quante connessioni sono attive, quanta CPU è utilizzata e tante altre informazioni utili per monitorare la salute ed il carico del database.

Nella sezione dedicata alle *Client Connections* è possibile vedere i dettagli di ogni connessione stabilita e, se necessario, ordinarne la distruzione. Oltre alla sezione di amministrazione degli utenti e dei loro privilegi una sezione dedicata alle variabili del database e del sistema.

Per quanto riguarda l'*import* e l'*export* del database esistono due voci distinte, entrambe consentono di importare / esportare un database da / in una cartella o da / in un file ed è possibile scegliere di importare / esportare solo la struttura del database e delle tabelle, solo i dati o entrambi.

Per quanto riguarda l'export esiste una sezione dedicata alle opzioni avanzate che risulta molto utile per velocizzare e personalizzare le query esportate.

Nella sezione *INSTANCE* troviamo un semplice start e stop dell'istanza, i log che servono a verificare le operazioni svolte dal database e gli eventuali errori ed il file di configurazione dell'istanza.

MySQL ci offre anche un'idea delle *PERFORMANCE* del nostro database nell'apposita sezione, qui sono mostrati in tempo reale i dati sul traffico in entrata ed uscita espresso in Bytes/secondo e il numero totale di connessioni. Inoltre ci informa sullo stato e l'efficienza della cache così come del numero di SELECT, INSERT, CREATE, UPDATE, ALTER, DELETE e DROP per secondo. Questi parametri saranno molto utili quando la nostra applicazione sarà usata da molti utenti contemporaneamente e ci permetterà di capire quali query ottimizzare e quali dati mettere in cache.

Conclusioni

Giunti a questo punto del nostro libro su MySQL ci auguriamo che tu abbia preso confidenza con il sistema e ci auguriamo che tu non abbia riscontrato grandi difficoltà. La sintassi SQL non è molto difficile da comprendere e risulta abbastanza "parlante". Continua ad esercitarti e con l'esperienza sarai in grado di affrontare nuove sfide, tante query anche più complesse di quelle da noi proposte.

Con questo libro l'obiettivo principale era di fornire un'infarinatura delle principali e più importanti funzioni di MySQL, ne abbiamo volutamente tralasciate. Abbiamo tralasciato la gestione degli utenti e dei loro privilegi, come effettuare un backup e ripristino del database, il costo in termini di prestazioni di una query ma sono tutti argomenti destinati ad utenti avanzati che conoscono già bene il database e le sue componenti.

Per approfondimenti puoi seguire la documentazione ufficiale al seguente link: https://dev.mysql.com/doc/refman/8.0/en/.

NodeJS: Programmare Web-App con JavaScript

Premessa

Con il passare degli anni le tecnologie si sono evolute e continuano ad evolversi tuttora perché cambiano le esigenze dei programmatori, degli utenti e di tutti coloro che ruotano intorno al mondo dell'IT. La crescente popolarità di JavaScript ha portato molti cambiamenti e ha completamente rivoltato lo sviluppo web dei nostri giorni, modificandolo radicalmente. Le cose che possiamo fare oggi sul web con JavaScript in esecuzione lato server, così come lato browser, erano difficili da immaginare pochi anni fa o erano incapsulate in ambienti particolari detti "sandbox" come Flash o Applet Java.

Le migrazioni a nuovi linguaggi di programmazione ci sono sempre stati infatti adesso è impensabile creare un CMS in Assembly così come in tanti altri linguaggi. I linguaggi di programmazione sono figli di un'esigenza pertanto se, per esempio, vuoi delle performance migliori forse è meglio programmare in C piuttosto che in Java. Allo stesso modo Node.js è stato creato con uno scopo ben preciso e lo scopriremo nel corso di questo libro.

Ryan Dahl (che è il creatore di Node.js), mirava a creare siti Web in tempo reale con funzionalità push, "ispirati da applicazioni come Gmail" quindi in Node.js ha fornito agli sviluppatori uno strumento per lavorare con il paradigma I/O in modo non bloccante e guidato dagli eventi. Come abbiamo detto Node.js è particolarmente efficace con il paradigma I/O che è semplicemente il metodo di comunicazione basato su input/output.

A chi si rivolge il libro

Node.js è perfetto nelle applicazioni web in tempo reale che utilizzano la tecnologia push tramite Web socket quindi finalmente possiamo avere applicazioni web con connessioni bidirezionali in tempo reale, in cui sia il client che il server possano avviare la comunicazione, consentendo loro di scambiare dati liberamente. Con tutti i suoi vantaggi, Node.js ora svolge un ruolo fondamentale nello stack tecnologico di molte aziende di alto profilo che dipendono dai suoi vantaggi unici.

Come avrai ben capito Node.js è adatto per molti scenari, puoi usarlo per fare streaming di dati, costruire SPA ovvero applicazioni Web a singola pagina, ma anche chat, dashboard e ovviamente applicazioni real-time come un'applicazione per vedere l'andamento della borsa in tempo reale.

Questo libro ti fornirà un'introduzione approfondita a Node.js, ma ci sono un paio di cose che dovresti conoscere prima di iniziare. Prima di tutto, Node.js è JavaScript, quindi devi avere un po' di familiarità con JavaScript per poter lavorare con successo con Node.js. Infine, dal momento che qui abbiamo a che fare con JavaScript lato server, alcune conoscenze operative della riga di comando sarebbero utili. Se ti senti a tuo agio con JavaScript e conosci le basi della riga di comando, allora sei pronto per Node.js. In questo libro ti mostreremo come installare

Node.js e lavorare con il core Node.js, che include standard input, standard output, il sistema dei moduli, il file system e come scrivere ed eseguire JavaScript sul server. Al termine di questo libro, sarai dotato dei concetti e delle tecniche fondamentali di Node.js che potrai utilizzare nel tuo prossimo progetto o in quello che stai già sviluppando, perché il miglior modo di imparare una tecnologia è usarla. In questi giorni, Node.js è ovunque quindi questo è il momento migliore per diventare uno sviluppatore Fullstack con Node.js.

Cos'è Node.js?

Node.js è un potente strumento per il controllo di server, per la creazione di applicazioni Web e la creazione di programmi basati e focalizzati sugli eventi. Usa JavaScript come linguaggio di programmazione che dovrebbe essere familiare a tutti gli sviluppatori Web. Con Node.js puoi creare applicazioni in esecuzione sia sul tuo laptop sia in cloud infatti è un linguaggio supportato da Google Cloud Platform, Amazon AWS, Microsoft Azure e tanti altri. In questo libro imparerai le basi di Node.js e inizierai a creare le tue applicazioni.

Nell'introduzione abbiamo specificato che Node.js è perfetto nelle applicazioni web in tempo reale che utilizzano la tecnologia push tramite Web socket. Probabilmente ti starai chiedendo cosa c'è di così rivoluzionario in ciò. Siamo reduci da oltre 20 anni di web state-less quindi basato sul paradigma di richiesta-risposta senza stato, finalmente abbiamo applicazioni web con connessioni bidirezionali in tempo reale, in cui sia il client che il server possono avviare la comunicazione, consentendo loro di scambiare dati liberamente. Questa è davvero un aspetto innovativo perché è in netto contrasto con il tipico paradigma della risposta web, in cui il cliente inizia sempre la comunicazione. Inoltre, è tutto basato sullo stack web aperto (HTML, CSS e JS) in esecuzione sulla porta standard 80. Si potrebbe sostenere che lo abbiamo avuto per anni sotto forma di applet Flash e Java, ma in realtà si trattava solo di ambienti sandbox che utilizzavano il Web come protocollo di trasporto da consegnare al client. Inoltre, sono stati eseguiti in modo isolato e spesso operavano su porte non standard. Tutto questo portava uno svantaggio enorme come richiedere autorizzazioni straordinarie o comunque aggiuntive e non standard.

Se hai già lavorato con JavaScript, potresti pensare che sia solo una delle tante tecnologie front-end, un modo per aggiungere interattività alle applicazioni Web, per aggiungere funzionalità come clic sui pulsanti e menu a discesa, ma non è tutto ciò che JavaScript può fare. Con Node.js puoi usare le tue abilità in JavaScript per fare molto di più, dalla creazione di strumenti da riga di comando alla creazione di server per l'interazione con il file system. Da quando Node.js è stato rilasciato nel 2009, aziende come PayPal, Netflix e Microsoft lo hanno utilizzato come modo per creare applicazioni scalabili e guidate da eventi.

Node.js può sembrare una tecnologia nuova di zecca, ma esiste da circa un decennio ed è uno dei più potenti strumenti JavaScript disponibili. Node.js è stato nel 2009 come runtime JavaScript basato sul motore v8 di Chrome. Nel 2011 è stata rilasciata la prima versione di NPM per consentire la condivisione di librerie di nodi open source e questo ha segnato un enorme cambiamento nel modo in cui il codice è stato condiviso e gestito facendo emergere Node.js come un grande player nell'ecosistema. Nel 2015 è stata fondata la Node.js Foundation, composta da diverse grandi aziende come IBM, Microsoft, PayPal e Groupon. Puoi trovare la Node.js Foundation su GitHub e puoi trovare anche il progetto Node.js stesso, in dato che è un progetto opensource. Oggi la community di Node.js è fiorente con numerose conferenze ed eventi a livello internazionale e ampi usi in tutti i settori.

Come funziona

Ti dimostrerò come funziona Node.js e perché è così veloce con un breve esempio, una semplice analogia. Abbiamo due diversi ristoranti, il primo è un ristorante grande, carino e di classe. In questo ristorante, ogni nuovo ospite rappresenta un nuovo utente quindi fare un ordine è come fare una richiesta. Se eseguo un ordine per un'insalata, un manager dovrà assumere un nuovo cameriere per prendersi cura di me e in questo ristorante, il nostro cameriere rappresenta un thread. Avremo il nostro cameriere, il nostro thread e gestiranno tutti i nostri ordini, questo descrive un po' il funzionamento di Apache dove ogni richiesta è a thread singolo. Dopo aver effettuato l'ordine, il cameriere porterà l'ordine in cucina e lo consegnerà allo chef quindi ora il cameriere dovrà aspettare e non farà altro fino a quando lo chef non avrà finito di preparare il cibo. Se volessi ordinare un bicchiere d'acqua non potrei fino a quando lo chef non avrà finito di preparare quell'insalata infatti, lo chef mi sta impedendo di poter semplicemente ordinare un bicchiere d'acqua. In questa analogia, lo chef rappresenta il file system o un archivio dati. In Apache, il singolo thread attende che il file system finisca di leggere i file prima di poter fare qualsiasi altra cosa, questo è inteso come un blocco. Finalmente l'insalata è pronta ed il mio cameriere mi porta il cibo, posso finalmente ordinare il mio bicchiere d'acqua e il mio cameriere me lo porta. La mia richiesta è stata soddisfatta e ora il direttore licenzia il mio cameriere perché non è più necessario. Quando questo ristorante è affollato, ogni ospite ha il proprio cameriere e questo è indice di un buon servizio ma i camerieri sono per lo più in giro per la cucina e aspettano che lo chef prepari il cibo. Se questo ristorante diventa molto popolare, richiede molto spazio per espandersi perché più ospiti significa più camerieri.

Ora diamo un'occhiata ad un altro ristorante, c'è solo un cameriere perché Node.js è a singolo thread. Qui possiamo ordinare delle crepes e possiamo vedere che il nostro cameriere effettua l'ordine per il cibo, quindi passa a prendere un ordine da un altro nuovo tavolo. Questo thread singolo serve tutti gli ospiti dei ristoranti ed è abbastanza interessante. Quando le mie crepes sono pronte, lo chef suona un campanello e il nostro cameriere va a prendere le crepes e me le consegna. Procede quindi a prendere un altro ordine da un nuovo tavolo. Quando il loro cibo è pronto, il cameriere lo porterà loro appena possibile. Possiamo dire che questo cameriere si comporta in modo asincrono e tutto ciò che questo cameriere deve fare rappresenta un nuovo evento. Un nuovo tavolo, un nuovo ordine e consegnare un ordine sono tutti eventi che verranno gestiti nell'ordine in cui vengono creati quindi il nostro cameriere non aspetta. Non ci sono blocchi perché il nostro cameriere unico è sempre impegnato perché è multitasking.

Questo è ciò che intendiamo quando diciamo I/O non bloccante guidato dagli eventi. Abbiamo un singolo thread che risponderà agli eventi nell'ordine in cui sono stati generati. Questo thread si comporta in modo asincrono perché non deve attendere che le risorse finiscano di fare ciò che stanno facendo prima che il nostro thread possa fare qualsiasi altra cosa.

Se il secondo ristorante diventa popolare, possiamo semplicemente farlo lavorare in franchising infatti Node.js può scalare facilmente duplicando o estendendo il ristorante in uno spazio vicino e questo è esattamente il modo in cui vengono ospitate le applicazioni Node.js nel cloud.

E' importante ricordare che Node.js è a thread singolo e tutti gli utenti condividono lo stesso thread. Gli eventi vengono generati e registrati in una coda eventi e poi gestiti nell'ordine in cui sono stati creati.

Node.js è asincrono quindi può fare più di una cosa alla volta e questa capacità di multitasking è ciò che rende Node.js così veloce. La sua reattività è uno dei motivi per cui così tanti sviluppatori stanno costruendo le loro applicazioni web con questo framework JavaScript.

Vantaggi di Node.js

In breve elenchiamo i vantaggi di questo framework:

- Buono per gli sviluppatori principianti infatti JavaScript è semplice da imparare
- È veloce, grazie alle tecnologie innovative di Google e al loop degli eventi
- Possibilità di conservare i dati nel formato nativo JSON (object notation) nel database
- Modularità (NPM, Grunt, ecc.) e buona comunità di supporto
- Adatto per creare applicazioni in tempo reale, come chat e giochi
- Adatto allo streaming di dati e file
- Ampia gamma di opzioni di hosting
- JS è il linguaggio più longevo, il 99% degli sviluppatori ne conosce un po'
- Progetto opensource disponibile su Github

Svantaggi di Node.js

Purtroppo non è tutto oro quello che luccica infatti anche Node.js non è esente da svantaggi nonostante l'impegno della community per migliorare costantemente il framework. Node.js non è efficiente nella gestione di applicazioni con alto uso di CPU infatti essendo un ambiente basato su eventi e un singolo thread, non è abbastanza efficiente per gestire queste applicazioni. La generazione di audio, video o editing di grafica, ecc. sono alcune richieste simultanee che non possono essere gestite da Node.js.

Un altro problema chiave che la maggior parte degli sviluppatori incontra è dato dalle API (Application Programming Interface) che cambiano ad intervalli frequenti e non restano stabili infatti a volte appare una nuova API che presenta una serie di modifiche non retro-compatibili. Di conseguenza, gli sviluppatori sono costretti ad apportare modifiche alle basi di codice accessibili per abbinare la compatibilità con l'ultima versione dell'API Node.js.

Precedentemente abbiamo visto che se si desidera rendere le applicazioni più scalabili, il requisito necessario è l'adozione del modello di programmazione asincrona. Tuttavia, molti sviluppatori ritengono che questo modello di programmazione sia più difficile rispetto alla programmazione a blocco lineare. Un altro svantaggio della programmazione asincrona è che i programmatori devono dipendere dalle chiamate nidificate anche dette *nested call*.

Installazione

Puoi seguire questo libro con l'editor di testo (IDE) che preferisci infatti Node.js esegue semplicemente i file JavaScript, che sono file di testo. Se hai già un IDE preferito per JavaScript, sentiti libero di usarlo, potresti anche semplicemente usare Notepad++ ed un semplice terminale se non vuoi installare degli IDE. Io utilizzerò Visual Studio Code che puoi scaricare dal sito https://code.visualstudio.com/.

Questa pagina rileverà automaticamente la tua piattaforma e selezionerà il programma di installazione appropriato quindi puoi scegliere quello suggerito o sceglierne uno di quelli proposti se, per esempio, hai intenzione di installarlo su un'altra macchina.

Dopo aver installato ed avviato VS Code ti porterà in una scheda di benvenuto con un menu a sinistra. La prima icona è per i tuoi file. Per selezionare una cartella di lavoro, è possibile fare clic sul pulsante Apri cartella e puoi navigare per scegliere la tua cartella. Utilizzeremo anche il terminale integrato in VS Code ma puoi anche scegliere di utilizzare il terminale normale.

Per installare Node.js su Windows collegati al sito https://nodejs.org/en/download e scarica i file binari necessari per la tua piattaforma. Segui la tua procedura guidata per l'installazione e innanzitutto, immettere il percorso per l'installazione di Node.js, questo è il luogo in cui verranno archiviati i file per Node.js dopo l'installazione. Successivamente accetta i componenti predefiniti per l'installazione e procedi come indicato dall'immagine.

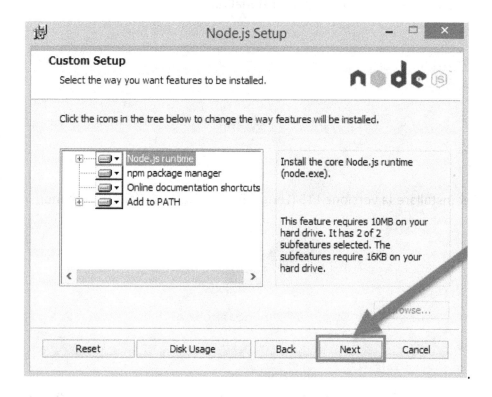

Su piattaforme Linux è possibile installare Node.js attraverso il terminale con il package manager. Innanzitutto dobbiamo aggiungere il PPA di Node.js. I PPA rientrano nella categoria dei repository non ufficiali e sono molto utili perché permettono di ricevere in maniera diretta il software desiderato, mantenendolo inoltre aggiornato.

Usiamo i seguenti comandi per installare la versione corrente di Node.js ovvero quella con più funzionalità:

```
sudo apt-get install curl

curl -sL https://deb.nodesource.com/setup_13.x |
sudo -E bash -
```

Per installare la versione LTS (Long Term Support) usa questi comandi:

```
sudo apt-get install curl

curl -sL https://deb.nodesource.com/setup_12.x |
sudo -E bash -
```

Dopo aver fatto ciò possiamo finalmente installare il framework tramite apt-get e questo installerà Node.js, NPM e altri software essenziali per il corretto funzionamento del framework:

```
sudo apt-get install nodejs
```

Infine verifichiamo le versioni installate:

```
node -v
v13.0.1
npm -v
6.12.0
```

Adesso siamo pronti per iniziare a programmare in Node.js e conosciamo a grandi linee come questo framework funziona.

Le basi

Ora è il momento di creare il nostro primo file Node.js, chiamerò questo file *firstfile.js* e all'interno del nostro primo file, probabilmente puoi indovinare cosa faremo in questo primo tutorial perché è un classico esempio. Stamperemo la classica stringa Hello World sulla console. Quindi digitiamo quanto segue nel file:

```
console.log("Hello World");
```

Abbiamo digitato una riga di codice JavaScript in questo file ed è arrivato il momento di eseguirlo. Quindi apriamo un terminale e assicuriamoci di trovarci nella stessa cartella del file appena creato.

Adesso a seconda del tuo sistema userai dei comandi diversi ad esempio, su Linux scriverai *ls* per vedere che il primo file si trova nella cartella corretta mentre su Windows dovrai usare *dir*.

Per eseguire questo file, tutto ciò che dobbiamo fare è digitare *node firstFile.js* e possiamo vedere Hello World stampato sulla console. Come puoi vedere, questo è un semplice file JavaScript, il che significa che possiamo aggiungere codice JavaScript a questo file e creare una variabile chiamata *msg* e salvare la stringa *Hello World da Node.js* registrando la variabile all'interno della console:

```
let msg = "Hello World da Node.js"
console.log(msg);
```

Torniamo al terminale e possiamo eseguire nuovamente questo file digitando *node firstFile*, ma questa volta ho intenzione di tralasciare l'estensione .js. Poiché Node presuppone che sia in esecuzione un file di tipo Javascript, non è necessario aggiungere l'estensione.

All'interno di Node.js, possiamo creare file JavaScript ed eseguirli, ma cosa sta succedendo esattamente qui? Nella seconda riga, stiamo loggando il valore della variabile *msg* nella console. L'oggetto console è in realtà una parte di un oggetto globale, potrei prefissarlo con la parola chiave *global*.

Tutto quello che è sull'oggetto globale è disponibile per noi a livello globale ciò significa che possiamo utilizzare qualsiasi oggetto o valore disponibile sull'oggetto globale all'interno dei nostri file JavaScript. L'oggetto globale contiene tutti gli oggetti, i valori e i metodi che possiamo usare in un file Node.js senza dover importare alcuna funzionalità.

require()

Adesso esploriamo questo oggetto globale quindi nella stessa cartella dove abbiamo definito precedentemente il file, aggiungerò un nuovo file chiamato *global.js*. E un'altra cosa che è disponibile per noi a livello globale è il nome del file corrente e il percorso completo della directory che stiamo attualmente utilizzando. Per stampare sulla console il nome della directory useremo *console.log (__ dirname);* e *console.log (__ nomefile);* ci darà il nome completo e il percorso del file corrente.

```
console.log(__dirname);
console.log(__filename);
```

Apriamo il terminale ed eseguiamo questo file digitando *node global*. Possiamo vedere stampato sulla console il percorso completo della directory che stiamo usando, così come il percorso completo della directory incluso il nome del file corrente che abbiamo eseguito, *global.js*.

Node.js include anche alcuni strumenti che ci consentono di modificare e manipolare i percorsi dei file, ma dobbiamo effettivamente caricare questi strumenti perché sono disponibili in un modulo separato. Diamo un'occhiata a come possiamo importare altri moduli usando la funzione *require()* può essere utilizzata per caricare moduli esterni, che sono altri file JavaScript contenenti del codice.

Possiamo caricare moduli che sono stati scaricati durante l'installazione di Node.js, moduli che installiamo con npm, o altri moduli che creiamo per la nostra applicazione.

198

Il modulo *path* è uno di quei moduli forniti con Node.js e ci fornisce strumenti che possiamo usare per aiutarci a lavorare con i percorsi dei file. Creiamo una costante variabile chiamata *path* e caricheremo il modulo *path* in quella variabile, quindi possiamo usare la funzione *basename()* per estrarre solo il nome file, dalla variabile globale *__filename*. Useremo anche il carattere backtick (`) che non deve essere confuso con un semplice accento:

```
const path = require("path");
console.log(`Il nome del file è ${path.basename(__filename)}`);
```

Abbiamo usato il modulo *path* e la funzione chiamata *basename()* con il valore *__filename* passato in input alla funzione *basename()* in modo da estrapolare il nome del file. Come sempre tramite terminale eseguiamo il nostro file digitando *node global*. E vediamo che l'uso della funzione *path.basename()* ci ha permesso di estrapolare il nome del file dal percorso completo.

Per ricapitolare, ogni file Node.js che creiamo viene chiamato modulo e contiene il proprio codice, quando vogliamo caricare altri moduli dobbiamo usare la funzione *require()*, che è disponibile per noi sull'oggetto globale.

Oggetto process

Un altro oggetto importante messo a nostra disposizione a livello globale è l'oggetto *process* quindi, all'interno dei miei file, creiamo un nuovo file *globalProcess.js*. In questo file accederemo all'oggetto *process* a livello globale che contiene informazioni sul processo corrente e strumenti che ci consentono di interagire con quel processo. Ad esempio, possiamo usare l'oggetto *process* per ottenere l'ID del processo oppure possiamo usare l'oggetto *process* per ottenere la versione corrente di Node.js che viene utilizzata per eseguire il processo:

```
console.log(process.pid);
console.log(process.version.node);
```

Eseguiamo questo file e possiamo vedere l'ID del processo e la versione di Node.js che viene utilizzata per eseguire questo processo. L'oggetto *process* ci consente di fare molto di più, infatti, possiamo ottenere informazioni sull'ambiente, leggere le variabili di ambiente, comunicare con i processi terminal o parent attraverso standard input

200

e standard output e, addirittura, possiamo usarlo per uscire dal processo corrente. Una delle cose che possiamo fare è raccogliere informazioni dal terminale quando carichiamo l'applicazione tramite la variabile *argv* accedendo alle variabili dell'argomento che vengono inviate al processo quando lo eseguiamo.

```
console.log(process.argv);
```

Eseguiamo il file tramite terminale e potremo notare che questa variabile conterrà un array che contiene tutto ciò che abbiamo digitato per eseguire il processo. Il primo comando che abbiamo digitato per eseguire questo processo era *node* quindi potrai vedere l'intero percorso in cui vive il processo di quel *node* ovvero da dove Node.js è stato eseguito. Il secondo argomento è un percorso al modulo corrente che stiamo utilizzando. Qualsiasi cosa digitiamo quando eseguiamo un file di *node* viene aggiunto a questo array *argv*. Possiamo aggiungere ulteriori parametri a questo array ad esempio potremmo voler usare un parametro che ci indica se si tratta dell'ambiente di collaudo o di produzione ed eventualmente l'hostname:

```
node globalProcess prod sitoProduzione
```

Poiché si tratta di un array possiamo usare l'array destructuring, per ottenere solo l'ambiente e l'hostname dato in realtà non mi interessano i primi due valori dell'array. Procediamo come segue:

```
const [, , ctx, hostname] = process.argv;
console.log('Ambiente: ' + ctx);
console.log('Hostname: ' + hostname);
```

Eseguiamo questo file e poiché dovremmo avere molte righe qui sul terminale ho intenzione di ripulirlo digitando *clear* su sistemi Linux, *cls* se stai usando DOS. Il risultato di questa elaborazione sarà la valorizzazione delle variabili *ctx* e *hostname* e due righe di log sulla console che ci informano dell'ambiente e dell'hostname.

Standard output

Un'altra caratteristica dell'oggetto *process* è lo standard input e lo standard output. Questi due oggetti ci offrono un modo per comunicare con questo processo mentre è in esecuzione ed useremo questi oggetti per leggere e scrivere dati dal/sul terminale. Diamo un'occhiata a *process.stdout* è una stringa scrivibile e implementa un metodo di scrittura che possiamo usare per inviare dati dal nostro programma. In questo caso, possiamo effettivamente scrivere una stringa sul terminale.

Possiamo stampare in console la classica stringa Hello World come segue:

```
process.stdout.write("Hello ");
process.stdout.write("World \n\n");
```

Apriamo il terminale ed eseguiamo questo in modo da poter dare un'occhiata all'output. Diamo un'occhiata all'output e noteremo che Hello World viene stampato con due nuove righe in più. Quello che potresti aver notato è che abbiamo già utilizzato l'output standard, tuttavia, il registro della console aggiunge una nuova riga per ogni messaggio, quindi ogni registro verrà visualizzato sulla propria riga. Il metodo di scrittura standard ci dà un po' più controllo sulla stringa, quindi noterai che anche se ho fatto due chiamate al metodo *stdout.write*, stiamo ancora vedendo Hello World stampato su una riga.

Utilizziamo l'oggetto di standard output per porre alcune domande quindi la prima cosa che farò è creare saranno una serie di stringhe e anche una funzione che possiamo usare per porre domande. Quindi possiamo anche creare una funzione *chiedi* che possiamo usare per porre domande. All'interno di questa funzione *chiedi*, avremo un argomento in input, che sarà l'indice della domanda che vogliamo porre, e se non viene inviato alcun argomento, quell'indice sarà zero:

```
const domande = [
 'Come ti chiami?',
 'Colore preferito?',
 'Ti piace Node.js?'
];

const chiedi = (i=0) => {
```

```
process.stdout.write(`\n\n\n ${domande[i]}`);
process.stdout.write(` > `);
}

chiedi();
```

Come puoi vedere se *i* è zero faremo la prima domanda, se *i* ha valore due faremo l'ultima domanda in questo array. Faremo anche un'altra chiamata a *stdout.write* in modo da poter chiedere all'utente una risposta.

Eseguendo il programma noterai che abbiamo scritto nel terminale tre nuove righe, questo è lo spazio bianco che vediamo prima della domanda e del nostro piccolo cursore. Avrai notato che il programma termina e il motivo per cui il programma esce qui è perché questo modulo Node.js, insieme a tutti i moduli che abbiamo costruito finora, funziona in modo sincrono. Ciò significa che dichiariamo l'array di domande, dichiariamo una funzione per porre la domanda, e quindi una volta che facciamo la domanda, Node.js vede che non c'è nient'altro da fare, quindi smette di funzionare.

Nella prossima sezione gestiremo lo standard input in modo da ovviare anche a questo problema.

Standard input

Continuiamo sulla base del file precedente e useremo l'oggetto *process.standardinput* per ascoltare le risposte al questionario da parte dell'utente. La prima cosa che farò qui è collegare un *listener* usando lo standard input e useremo la funzione *on* per ascoltare gli eventi. Il nome dell'evento che stiamo ascoltando è un evento di dati ciò significa che hai digitato qualcosa nella tastiera e hai premuto il tasto invio. Il secondo argomento della funzione *on* è il gestore o la funzione che useremo per gestire quei dati.

Possiamo raccogliere i dati come primo argomento che vengono inviati a questa funzione di callback e fare qualcosa con esso. Per ora, ci limiteremo a restituirli all'utente usando *process.standout.write* e scriveremo un paio di nuove righe, quindi prenderemo i dati, che attualmente vengono passati a questa funzione come buffer o binario, invochiamo il metodo *.tostring()*, ed infine tagliamo in modo da sbarazzarci di qualsiasi spazio. Vediamo il codice:

```
const domande = [
  'Come ti chiami?',
  'Colore preferito?',
  'Ti piace Node.js?'
];

const chiedi = (i=0) => {
  process.stdout.write(`\n\n\n ${domande[i]}`);
  process.stdout.write(` > `);
```

```
}

chiedi();

process.stdin.on("data", data => {
  process.stdout.write(`\n\n ${data.toString().trim()} \n\n`);
  process.exit();
});
```

Quello che abbiamo fatto qui è usare *process* come oggetto di standard input per ascoltare eventi di dati creando la nostra prima applicazione asincrona. Questa applicazione è in attesa di dati in input, avviando l'applicazione ogni volta che digiteremo alcuni dati, li vedremo nel terminale.

Poiché abbiamo collegato questo evento di dati, il programma continuerà a funzionare e continuerà ad ascoltare i dati quindi ogni volta che scrivi qualcosa, lo vedrai stampato nel terminale. Per terminare questo processo abbiamo usato il metodo *exit()* altrimenti resterebbe sempre all'interno della funzione *on*.

Adesso al posto di stampare semplicemente i dati inseriti creiamo un array di risposte:

```
const domande = [
  'Come ti chiami?',
  'Colore preferito?',
  'Ti piace Node.js?'
];
```

```
const chiedi = (i=0) => {
  process.stdout.write(`\n\n\n ${domande[i]}`);
  process.stdout.write(` > `);
}
chiedi();

const risposte = [];
process.stdin.on("data", data => {
  risposte.push(data.toString().trim());

  if (risposte.length < domande.length) {
    chiedi(risposte.length);
  } else {
    process.exit();
  }
});

process.on('exit', () => {
  const [nome, colore, preferenza] = risposte;
  console.log(`Grazie ${nome} per aver risposto.`);
});
```

Il codice è abbastanza semplice infatti abbiamo creato un array vuoto di risposte e finché la dimensione dell'array delle risposte è minore di quello delle domande verrà posta la domanda successiva quindi ciò significa che se ho già risposto alla prima domanda, faremo la seconda domanda della serie e così via fino a quando la dimensione sarà uguale e verrà invocato il metodo per uscire dal processo. In questo caso la funzione *chiedi()* verrà invocata tre volte seguita dal *process.exit()* e vogliamo che ogni volta che il processo termina, si attivi un altro *listener* per un evento di uscita. Quel *listener* può essere gestito con una funzione di callback passata come secondo argomento ed andremo ad utilizzare una delle risposte date dall'utente.

Usando la destrutturazione dell'array, possiamo nuovamente impostare alcune variabili locali: una per il nome, una per il colore e, infine, una per la preferenza data. L'ultimo *listener* verrà attivato quando si sta per abbandonare un processo quindi stampiamo un messaggio che ringrazia l'utente, specificandone il nome. Quando premiamo invio sull'ultima domanda il processo termina e stampiamo l'ultimo messaggio Nota bene che con l'uso delle stringhe template (usando il backtick `) vengono valorizzati tutti gli spazi bianchi che sono presenti all'interno della stringa.

Il ritardo nella programmazione asincrona

Un altro modo in cui possiamo lavorare in modo asincrono con Node.js è attraverso le funzioni di temporizzazione. Le funzioni di temporizzazione ti consentono di impostare il timeout, cancellare il timeout, impostare un intervallo o cancellarlo e funzionano proprio allo stesso modo in cui funzionano nel browser e sono disponibili a livello globale. Vediamo a livello pratico come creare un ritardo di qualche secondo:

```
const attesa = 3000;
console.log(`Imposto un ritardo di ${attesa/1000} secondi`);

const completato = () => console.log("Completato");
setTimeout(completato, attesa);
```

In questo breve esempio abbiamo creato una costante con il numero di millisecondi che indicano il ritardo e abbiamo stampato in console un messaggio per informare l'utente. Abbiamo diviso il valore per mille in modo da ottenere il numero di secondi che stiamo aspettando. Abbiamo creato una funzione da invocare al termine del timer quindi, quando il timer avrà finito, verrà invocata la funzione *console.log()* per stampare un messaggio in console. Ora siamo pronti per usare il timeout ed il primo argomento è la funzione da invocare al termine del timer, il secondo argomento che useremo è il tempo che dovremmo aspettare per questo ritardo. In sostanza questo processo verrà eseguito in modo asincrono per tre secondi. Dopo aver atteso tre secondi, verrà invocata la funzione timer e dovremmo vedere la scritta *Completato* in console. Apriamo il nostro terminale ed eseguiamo la nostra applicazione, vediamo il nostro messaggio e dopo tre secondi vediamo che la scritta *Completato* è apparsa sulla console.

È possibile migliorare questa applicazione utilizzando un intervallo ovvero eseguire una funzione che segnala in modo intermittente il tempo di attesa trascorso. L'intervallo di attesa sarà di mezzo secondo ovvero 500 millisecondi e creerò anche una variabile per l'orario corrente. Dichiaro delle costanti con *const* perché non vogliamo che gli utenti possano cambiare il loro valore, altrimenti avrei dovuto usare *let*. Abbiamo bisogno di una funzione per incrementare il tempo quindi quello che faremo è recuperare l'ora corrente e aumentare l'intervallo dell'attesa. L'intervallo impostato è molto simile al timeout impostato in precedenza infatti il primo argomento in input è una funzione, il secondo è il tempo che deve attendere l'intervallo, che è mezzo secondo. Con la funzione *setInterval* verrà invocata ripetutamente la funzione di incremento del tempo ogni mezzo secondo.

```javascript
const attesa = 3000;
const intervallo = 500;
let oraCorrente = 0;

const incTime = () => {
  oraCorrente += intervallo;
  console.log(`Aspetto ${oraCorrente/1000} secondi`);
}

console.log('Imposto un ritardo di ' + attesa/1000 + ' secondi ');

const completato = () => console.log("Completato");
setInterval(incTime, intervallo);
```

```
setTimeout(completato, attesa);
```

Possiamo vedere che abbiamo iniziato un ritardo di tre secondi, ma l'intervallo si attiva ripetutamente ogni mezzo secondo quindi stiamo aumentando il tempo di attesa. Nota che dopo 2,5 secondi è presente una riga di log sulla console. Poiché abbiamo impostato un intervallo e non l'abbiamo mai cancellato, questo processo verrà eseguito indefinitamente. La prima cosa che devo fare per cancellare l'intervallo, devo definire una variabile per l'intervallo. Ogni volta che impostiamo un intervallo, la funzione dell'intervallo impostato restituirà effettivamente l'intervallo stesso in modo da poterlo cancellare in seguito.

```
const attesa = 3000;
const intervallo = 500;
let oraCorrente = 0;

const incTime = () => {
  oraCorrente += intervallo;
  console.log(`Aspetto ${oraCorrente/1000} secondi`);
}

console.log('Imposto un ritardo di ' + attesa/1000 + ' secondi ');

const completato = () => {
  clearInterval(interval);
  console.log("Completato");
```

```
};
const interval = setInterval(incTime, intervallo);
setTimeout(completato, attesa);
```

Eseguiamo questo file e vediamo il nostro ritardo di tre secondi, seguito dai nostri messaggi di attesa e notiamo anche che quando abbiamo finito cancelliamo l'intervallo in modo che l'intervallo non sia più indefinito come prima.

Moduli di Node.js

Come abbiamo visto finora la funzione *require()* è necessaria per caricare i moduli ma molti dei moduli con cui lavoriamo sono ospitati su NPM e forniti dalla community. I moduli che non è necessario installare con NPM e che sono installati localmente con la tua installazione di Node.js, sono detti moduli principali. Il modulo *path* è un modulo *core* perché fornito con Node.js e possiamo usarlo così com'è subito dopo l'installazione. Il modulo *path* ci aiuta molto nella gestione di file e directory soprattutto grazie ai metodi *join()* e *resolve()* infatti il primo consente di unire tutti i parametri in input usando il delimitatore adatto per la piattaforma usata mentre il secondo risolve tutti i parametri da sinistra verso destra finché non viene creato un percorso assoluto.

Vediamo alcuni esempi di questi due metodi:

```
path.join('/foo', 'bar', 'baz/zxcv', 'abcd', '..')
// '/foo/bar/baz/zxcv/abcd/...'

path.resolve('www', 'static/png/', '../gif/image.gif')
// '/home_dir/www/static/gif/image.gif'
```

Ci sono tonnellate di moduli utili forniti con l'installazione di Node.js. Adesso usiamo un altro modulo principale, il modulo *utility* e lo

memorizzo in una variabile chiamata *util*. Questo modulo ha molte
funzioni interessanti che possiamo usare, ma in particolare ha un
logger che è un po' più potente del logger della console. Possiamo
invocare *util.log(),* usare il percorso attuale ed usare la funzione
basename, dando in input il ___filename e ci verrà fornito il nome
corrente del file.

```
const path = require("path");
const util = require("util");
util.log(path.basename(__filename));
util.log("^ Questo è il nome del file corrente");
```

Se esegui questo codice noterai che il risultato è simile a quello del log
della console ma con il modulo utility, otteniamo anche la data e l'ora.
Ogni log che si rispetti ha una data e un orario associati quindi la
differenza principale tra il modulo utility e il log della console consiste
nel richiedere i moduli utility. Alla seconda riga abbiamo dovuto
caricare il modulo prima di poterlo utilizzare mentre il log della console
lo possiamo usare immediatamente dopo l'installazione.

Un'altra funzione interessante è nel modulo denominato *v8* infatti con
la funzione getHeapStatistics possiamo daremo un'occhiata all'utilizzo
della memoria e alle nostre statistiche sulla memoria infatti ci mostra
la dimensione totale dell'heap del nostro menu, la dimensione fisica, la
dimensione disponibile, il limite della dimensione heap e così via.

```
const {log} = require("util");
```

```
const {getHeapStatistics} = require("v8");

log(getHeapStatistics());

//15 Nov 15:49:43 - { total_heap_size: 10207232,
// total_heap_size_executable: 1048576,
// total_physical_size: 6082048,
// total_available_size: 1519111272,
// used_heap_size: 4496272,
// heap_size_limit: 1526909922,
// malloced_memory: 8192,
// peak_malloced_memory: 421336,
// does_zap_garbage: 0 }
```

Probabilmente avrai notato l'utilizzo delle parentesi graffe insieme all'assegnamento della funzione *require()* e ti starai chiedendo il perché. Il motivo è molto semplice, Node.js permette di estrarre la funzione *log* destrutturando solo la variabile di cui ho bisogno. Lo stesso vale per *v8* infatti se volessi usare solo la funzione getHeapStatistics, potrei farlo destrutturando. Tutto questo potrebbe rendere il codice un migliore, favorendone la leggibilità infatti ci sono aspetti a favore e contro questo meccanismo. Il problema è che allo stesso tempo potremmo non sapere da dove proviene la funzione *log* o da dove provenga la funzione *getHeapStatistics*, a meno che non guardiamo tutte le nostre dichiarazioni in cima al file.

Il tuo modulo Node.js

Ora diamo un'occhiata a come funzionano i moduli all'interno di Node.js, ci immergeremo subito e inizieremo a crearne uno per la nostra applicazione. Creiamo un nuovo file che chiameremo *mio-module.js* e creiamo anche un altro file *modulo-demo.js* che useremo per includere il nostro nuovo modulo. L'idea è di rendere il codice all'interno del mio modulo accessibile nella nostro modulo demo.

Potrebbe essere particolarmente utile per una libreria matematica che abbiamo scritto e vorremmo riutilizzarla all'interno di file diversi o forse anche all'interno di progetti diversi, sfruttando il concetto di riutilizzo del codice.

Nel modulo che verrà incluso useremo l'oggetto export con il quale possiamo trasmettere tutti i dati che vorremmo esportare, vediamo come sarà il nostro file *mio-modulo.js*:

```
exports.testo = "Hello World dal modulo"
```

Abbiamo creato una proprietà denominata *testo* e ne abbiamo impostato il valore. Node.js ha un semplice sistema di caricamento dei moduli infatti file e moduli sono in una corrispondenza uno a uno e per accedere al mio modulo, devo prima impostare il suo riferimento ad una variabile.

Nel nostro modulo demo e chiamerò questa variabile *mioModulo* e userò la funzione *require()* per includerlo specificandone il percorso:

```
const mioModulo = require('./mio-modulo.js');
console.log(mioModulo.testo);
```

Dovremmo ottenere lo stesso valore dal nostro modulo perché accederemo al riferimento del nostro modulo con *mioModulo* e quindi otterremo il valore dalla proprietà *testo* che abbiamo creato.

Passiamo alla nostra console o terminale ed eseguiamo il nostro modulo demo e come potrai vedere, otterrai il log della nostra console con il saluto del modulo. E così siamo stati in grado di accedere ai dati nel nostro modulo demo da un altro modulo o file.

NPM e package.json

Node ha qualcosa chiamato Node Package Manager, o NPM in breve dove i pacchetti sono uno o più moduli raggruppati insieme. Uno dei pacchetti più popolari si chiama Lodash, vediamo come possiamo installarlo e come usarlo. Dalla nostra console o terminale, lo installeremo usando NPM, digitiamo

```
npm install lodash
```

Se diamo un'occhiata nella nostra directory, possiamo vedere che è stata creata una nuova cartella, chiamata *node_modules* e al suo interno vedremo una cartella *lodash* che contiene diversi file JavaScript

217

che ci forniscono tutte le funzionalità e caratteristiche di Lodash. Ora che lo abbiamo installato, creiamo un file che useremo per scrivere il nostro codice che utilizzerà Lodash.

Creerò un nuovo file chiamato *demo.js* e utilizzeremo *require()* proprio come abbiamo fatto prima per il nostro modulo personalizzato, per portare Lodash, salvo il riferimento in una variabile chiamata _ *(underscore)*. Questa è una pratica comune con Lodash, in modo che possiamo accedere facilmente alla sua funzionalità. Nota bene che non è stato necessario specificare un path, poiché Node.js conosce già la posizione predefinita per i suoi moduli.

Se usi un IDE ti basta digitare _. per attivare l'auto-completamento dell'IDE e vedere che ci sono molte funzioni a cui abbiamo accesso. Potremmo usare la funzione *random()* per ottenere un numero intero casuale compreso tra uno e cento. Se dovessimo farlo in puro JavaScript sarebbero necessarie diverse chiamate di funzione alla libreria matematica ma con Lodash, questa funzionalità è già integrata.

```
const _ = require('lodash');
console.log(_.random(1,100));
```

Eseguiamo questo codice tramite il classico comando e otterremo un valore casuale nella nostra console che sarà diverso di volta in volta.

Ora, cosa succede se finiamo per installare diversi pacchetti di terze parti e vogliamo tenere traccia di ciò che abbiamo installato e da cui dipendiamo in un elenco da qualche parte? E se volessi distribuire la nostra app o inserirla in un repository git? Non avrebbe senso includere tutti i pacchetti da cui dipendiamo perché occupano molto spazio e poiché ci sono centinaia, se non migliaia, di file da cui dipende ogni pacchetto impiegando molto tempo per trasferirli. Oltretutto lo sviluppatore che ha appena ottenuto il nostro progetto, dovrà installare manualmente tutti quei pacchetti. Se dipendi da alcune dozzine ci vorrà molto tempo per eseguire tutte quelle chiamate di installazione di npm ogni volta che scarichiamo un nuovo progetto o abbiamo un aggiornamento. È qui che entra in gioco il file *package.json*.

Tra le altre cose questo file memorizza un elenco dei pacchetti da cui il tuo progetto dipende, in questo modo, quando si utilizza il comando *npm install*, userà quell'elenco ed installerà tutto automaticamente. Per creare un file *package.json*, dal terminale digita il comando *npm init*. In questo modo ti verranno poste delle domande per personalizzare il tuo progetto specifico (particolarmente utile quando arriva il momento della produzione). Puoi proseguire usando le impostazioni di default e alla fine del processo avrai generato un file *package.json*.

Contiene solo tutte quelle impostazioni predefinite che ci è stato chiesto di modificare quando abbiamo usato *npm init* ed è abbastanza carino guardare nella nostra cartella dei moduli di Node.js quali dipendenze abbiamo lì, aggiungendole automaticamente all'elenco delle dipendenze. Un altro collegamento che potresti voler sapere è se stai cercando di creare rapidamente un file *package.json*, puoi usare il comando *npm init --yes*, per crearne uno con tutte le impostazioni predefinite.

Lettura e scrittura di files

Esistono due aree in cui si verificano spesso carichi di input/output elevati: accesso alla rete e accesso al disco. Diamo un'occhiata all'accesso al disco per iniziare lavorando con alcuni file. Inizieremo con la lettura dei file e poi passeremo alla scrittura dei nostri file. Per fare ciò avremo bisogno dell'accesso al file system incorporato in Node.js.

Creiamo un nuovo file chiamato *demo.js* e richiediamo il modulo dedicato al file system e lo chiamerò *fs* in breve. Come puoi vedere, anche la libreria stessa è chiamata *fs*. Il prossimo comando che eseguiremo sarà leggere dal file ma non abbiamo ancora un file da leggere, quindi creiamo un file JSON temporaneo e inseriamo alcuni dati al suo interno, denominato *dati.json* e qui creeremo semplicemente un oggetto che ha una proprietà *nome*. Vediamo come si presenta adesso il nostro codice:

```
var fs = require('fs');
```

E vediamo il nostro file *dati.json:*

```
{
  "nome": "Pippo"
}
```

Adesso possiamo accedere al file system con una funzione chiamata, *readFile* a cui passiamo in input la posizione del nostro file JSON di dati. Il secondo parametro poiché questa è una funzione asincrona sarà la nostra callback.

Potrei definire una funzione separata come abbiamo imparato precedentemente o potrei fornire una funzione anonima e inserirla direttamente come secondo parametro. La callback accetta due parametri: un errore e i dati letti. Un altro modo ancora per gestire la callback sarebbe usare una funzione freccia, il che risulta leggermente più compatto rispetto alla sintassi precedente ed è il metodo che preferisco.

```
var fs = require('fs');
fs.readFile('./dati.json', (err,dati) => {
  console.log(dati);
```

```
})
```

Eseguiamo il codice per leggere il file ed abbiamo una sorta di output con un buffer che non è quello che abbiamo nel nostro JSON ma qualcosa di simile:

```
<Buffer 7b 0a 20 20 22 6e 6f 6d 65 22 3a 20 22 50 69 70
70 6f 22 0a 7d 0a>
```

Cosa sta succedendo? E' semplice, non abbiamo specificato il formato del file e per leggere il file JSON così come per altri documenti è necessario specificare il formato UTF-8. Modifichiamo il codice in modo da specificare, come stringa, UTF-8 come secondo parametro e spostando la callback come terzo parametro:

```
var fs = require('fs');
fs.readFile('./dati.json', 'utf-8', (err,dati) => {
  console.log(dati);
})
```

Adesso eseguiamo il codice e siamo in grado di leggere il JSON correttamente. Un'altra importante cosa da sapere è che possiamo effettivamente accedere al nostro file JSON direttamente con la funzione *require()* invece di utilizzare la lettura di un file. Vediamo come fare:

```
var fs = require('fs');
var dati = require('./dati.json');
console.log(dati);
```

```
fs.readFile('./dati.json', 'utf-8', (err,dati) => {
  console.log(dati);
})
```

E' molto semplice infatti ho creato una variabile *dati* impostandola su *require()* e specificando il percorso di *dati.json*. Ora puoi vedere che stiamo ottenendo due oggetti nella nostra console, uno dal *require()* e uno dal nostro file di lettura. Sembrano un po' diversi quindi vediamo quali sono queste differenze: puoi provare ad accedere al nome della proprietà dal nostro requisito per vedere se è un oggetto vero o solo una stringa.

```
var fs = require('fs');
var dati = require('./dati.json');
console.log(dati.nome);

fs.readFile('./dati.json', 'utf-8', (err,dati) => {
  console.log(dati.nome);
})
```

Nel primo caso siamo in grado di accedere alla proprietà e quindi si tratta di un oggetto, se proviamo a fare lo stesso per il nostro file di lettura potrai notare che non è definito quindi è solo una stringa.

Per ovviare a questo problema possiamo creare una nuova variabile all'interno della nostra callback del file di lettura chiamata *dati* ed assegniamo il valore della funzione *JSON.parse()*.

Essenzialmente sta prendendo il nostro parametro *dati* convertendolo in JSON e sovrascrivendolo, in questo modo siamo in grado di accedere a *dati.nome*. E se guardiamo nella nostra console possiamo vedere che vengono visualizzati due nomi.

```
var fs = require('fs');
var dati = require('./dati.json');
console.log(dati.nome);

fs.readFile('./dati.json', 'utf-8', (err,dati) => {
  var dati = JSON.parse(dati);
  console.log(dati.nome);
})
```

Ora che abbiamo una buona conoscenza della lettura dei file dal file system, passiamo a leggere anche le directory con il file system. Avrò bisogno di *fs* ed useremo una funzione del file system chiamata *readdir()*. Il primo parametro che dovremo dare in input è la posizione da cui vogliamo leggere le nostre directory. Usiamo il drive C come esempio e quindi creeremo una callback che si occuperà di loggare in console i dati.

```
var fs = require('fs');
fs.readdir('c:/', (err,dirs) => {
  console.log(dirs);
})
```

Esegui questo codice e potrai vedere che otterrai tutte le directory all'interno del drive C quindi leggere le directory è molto semplice come puoi notare.

Sino ad ora ci siamo occupati della lettura di file ma come possiamo scrivere un file? Hai indovinato, per scrivere un file, accediamo al file system e utilizziamo la funzione chiamata *writeFile*(). Il primo parametro è il nome del file e, nel nostro caso scriveremo un file JSON denominato semplicemente *dati.json*. Il secondo parametro sono i dati effettivi che verranno scritti nel file. Sopra la nostra funzione aggiungiamo una variabile chiamata *dati* e impostiamola su un oggetto JSON. All'interno, aggiungeremo una proprietà chiamata *nome* e passeremo *Pippo* come valore.

```
var fs = require('fs');
var dati = {nome : 'Pippo'};

fs.writeFile('dati.json', dati);
```

Andiamo avanti ed eseguiamo il file tramite il classico comando e come puoi vedere, viene creato un file *dati.json*.

Ma se guardiamo dentro, non stiamo vedendo quello che ci aspettavamo. Questo avviene perché il secondo parametro prevede una stringa, ma in realtà stiamo passando un oggetto JSON.

Convertiamo il nostro oggetto in una stringa usando *JSON.stringify()*.
Salviamolo e proviamo a eseguirlo di nuovo.

```
var fs = require('fs');
var dati = {nome : 'Pippo'};

fs.writeFile('dati.json', JSON.stringify(dati));
```

Apriamo il nostro data.json e possiamo vedere che il nostro file JSON è
ora nel formato corretto. Quindi tutto funziona, ma potresti aver
notato che stiamo ricevendo un avviso su una tecnica deprecata
ovvero invocare una funzione asincrona senza callback è deprecato.
Possiamo creare una soluzione che tenga conto di questo quindi il
primo parametro sarà il percorso, il secondo rappresenta i dati che
vogliamo scrivere nel file e, infine, il terzo è una callback.

```
var fs = require('fs');
var dati = {nome : 'Pippo'};

fs.writeFile('dati.json', JSON.stringify(dati), (err) => {
  console.log('SCrittura terminata con successo!');
});
```

Semplicemente abbiamo passato alla callback l'errore nel caso in cui ci
fosse e scriviamo nella console un messaggio che indica se la scrittura è
terminata con successo. Salviamolo e proviamo a eseguirlo di nuovo e
puoi vedere che la scrittura è terminata e non stiamo più ricevendo

quell'avviso di funzione deprecata. Potremmo anche introdurre delle logiche in base alla presenza o assenza di un errore, interrompendo il processo o riprovando la scrittura.

Node.js frameworks

Diamo un'occhiata ad alcuni dei framework disponibili per Node.js. Ma prima di tutto, cos'è un framework? Un framework è una struttura portante essenziale di un edificio, veicolo o oggetto e nel software, è essenzialmente la stessa cosa. Si tratta di una struttura di supporto che ti consente di costruirci qualcosa sopra. Quando si tratta di web e vogliamo creare API di grandi dimensioni, o forse server HTTP, possiamo sfruttare i framework Web e ci sono diverse opzioni che possiamo esaminare. Ognuno di questi ci fornisce la struttura e i componenti necessari per rendere semplice la pubblicazione di file statici, come i siti Web tradizionali oppure possiamo mettere insieme un'API Web per interagire in una Web app. Un'API Web è un servizio che ci consente di ottenere e salvare dati sul nostro server o back-end, ad esempio un'API Web che ci consente di creare utenti, fornire un elenco di utenti e così via. Ora diamo un'occhiata alle diverse opzioni disponibili per i framework Web per Node. Vedremo Express che è un framework per applicazioni web Node.js flessibile e leggero, che fornisce una serie di funzioni avanzate per le applicazioni web e per dispositivi mobili.

Express

Collegati al sito http://expressjs.com/ e scorrendo un po' verso il basso, possiamo vedere che fornisce il supporto per le applicazioni

Web e le API Web. Ma prima di tutto, cos'è un'applicazione web? Potrebbe esserci un po' di confusione sulla sua definizione. È qualcosa per il front-end o qualcosa per il back-end? Quando penso alle app, penso a ciò che gira nel tuo browser o dispositivi mobili ma quelle app devono spesso parlare con un server. Ad esempio, per accedere agli utenti o ottenere un elenco di dati da visualizzare, ecc. Si può pensare che un'app Web ha alcune funzionalità sul front-end e alcune sul back-end. L'app, nel suo insieme, è distribuita su entrambi i front-end e back-end. Immagina che Twitter non fosse in grado di ottenere tweet dal suo back-end? Detto questo, Express.js funziona all'interno di Node e Node è qualcosa solo per il back-end. Come accennato in precedenza, c'è un sacco di supporto della comunità e documentazione online perché Express.js è in circolazione da così tanto tempo.

Insieme ad Express si è diffuso moltissimo Socket.io, che consente comunicazioni in tempo reale, bidirezionali, basate su eventi. Express invece consente al client di inviare una richiesta al server, ma il server non può inviare la richiesta al client e quindi non ha comunicazione bidirezionale. Socket.io risolve questo problema, in altre parole, possiamo inviare notifiche dal server al client quando si verifica un evento, così come altri dati. Socket.io è composto da due parti, una libreria lato client che viene eseguita sul browser e una libreria lato server per Node.js. Proprio come Node.js, è guidato dagli eventi.

Quando si crea un'applicazione Web, è possibile pensare che due scenari: puoi ospitare contenuti statici o dinamici. I contenuti statici possono essere elementi come file HTML per siti Web o immagini, video, ecc., i contenuti dinamici, invece, vengono offerti tramite un'API Web o talvolta vengono utilizzati per pubblicare pagine Web dinamiche in cui il contenuto o la vista sono composti dal server stesso. Nel nostro caso, esamineremo la pubblicazione di un semplice file HTML per i file statici, quindi creeremo un'API Web per mostrare come possiamo offrire contenuti dinamici. Quindi iniziamo servendo alcuni file statici con Express.js. La prima cosa che dovremo fare è creare la nostra cartella del progetto in modo da avere un nuovo workspace e assicurati di aprire quella cartella all'interno del tuo editor.

Creiamo il nostro file server quindi creerò un nuovo file e lo chiamerò *server.js*. Una cosa da tenere a mente è che Express non viene fornito con Node.js, quindi dovremo installarlo usando npm proprio come abbiamo fatto per tutti gli altri pacchetti di terze parti. Ma se vogliamo salvare tutte le nostre dipendenze che installiamo, dovremo prima creare il nostro file *package.json*. Quindi, proprio come abbiamo fatto prima, useremo *npm init --yes* per farlo. Ora che abbiamo il nostro file *package.json* installiamo Express. Useremo il comando *npm install -s express* per salvarlo nel nostro file *package.json*.

Nella nostra cartella *node_modules* puoi vedere tutte le dipendenze da cui proviene Express e la cartella Express stessa. Finalmente possiamo usare Express e salviamo il riferimento in una variabile che chiameremo *express* all'interno del nostro file *server.js* e quindi imposteremo il riferimento a una variabile chiamata *app* da un'istanza di express.

Facciamo partire il server Express e ascoltiamo le richieste, digitando *app.listen* che prenderà in input una porta come primo parametro, quindi digiterò la porta 3000.

Avviamo il nostro browser e andiamo su *localhost:3000* e apriamo la console per sviluppatori con il tasto F12, nella scheda Rete possiamo vedere che stiamo ricevendo una risposta ma con uno stato di 404 ovvero non trovato perché non viene ancora ospitato o servito nulla.

Diamo alcuni contenuti statici da servire ad Express ed inizieremo utilizzando la funzione *app.use*, quindi creeremo un file HTML chiamato *index.html* che verrà pubblicato tramite *app.use*.

```
var express = require('express');
```

```
var app = express();

app.use(express.static(__dirname));
app.listen(3000);
```

Nel file chiamato *index.html* inseriamo *Benvenuto in Index.html*. Salva questo file che tramite *express.static* verrà passato in input con tutta la nostra directory attraverso *__dirname*. Riproviamo nel nostro browser.

Puoi vedere che la pagina dell'indice o il file HTML viene automaticamente pubblicato ora e stiamo visualizzando la frase inserita. Un'altra modifica da apportare è quella di impostare una callback sul nostro *app.listen*, quindi passeremo una callback senza parametri ed indica che il server è in ascolto su una porta. Questo risulta particolarmente utile perché codificare la porta o ottenere un riferimento a quella porta effettiva è fondamentale nel caso in cui cambi (ad esempio una volta distribuita la nostra app su un server). Possiamo farlo creando una variabile chiamata *server* e impostandola sul nostro *app.listen*.

Nella callback, come secondo parametro per il logger della console, definiamo *server.address.port*.

```
var express = require('express');
var app = express();
```

232

```
app.use(express.static(__dirname));
var server = app.listen(3000, () => {
  console.log('Il server è in ascolto sulla porta ', server.address().port);
});
```

Eseguendo questo codice potrai notare che riceverai il messaggio nella console dove ti informa che il server è in ascolto sulla porta 3000. Qualora dovessi riscontrare qualche errore verifica che la porta su cui sta girando il tuo server non sia già occupata. Ora che il nostro server back-end è in esecuzione e ospita un file statico, puoi costruire il tuo front-end semplicemente invocando i servizi esposti dal back-end.

Conclusione

Abbiamo trattato molte delle nozioni di base con Node e abbiamo esaminato anche molte altre funzionalità avanzate. Ciò ha portato alla creazione di un semplice sito Web da cui puoi partire per creare qualcosa di più complesso o semplicemente per approfondire la tua conoscenza di questo framework. Abbiamo analizzato le differenze tra un approccio tradizionale alla programmazione e l'approccio adottato da Node.js e spero che tu adesso abbia una buona comprensione delle differenze tra codice sincrono e asincrono. Node.js è perfetto insieme a JavaScript quando si tratta di lavorare con codice asincrono e le varie opzioni che abbiamo per lavorare con esso come callback, promise, async/await rendono davvero questo framework guidato dagli eventi. Abbiamo capito il nuovo modo di sviluppo chiamato sviluppo event-driven e se sei interessato a programmare con Node.js, ricorda che il miglior modo è programmare qualcosa in modo che tu possa prendere conoscenza e confidenza con la tecnologia. Concentrati sulla programmazione asincrona, lo streaming di dati, la decomposizione di app in micro servizi e il collegamento con un database, magari di tipo NoSQL. I modelli di progettazione Node.js coprono i modelli di progettazione comuni per scrivere codice JavaScript migliore. Node.js è incredibilmente potente e molto divertente con cui lavorare e spero che tu possa continuare a conoscere questo incredibile strumento.

Tutti i marchi registrati e loghi citati in questo libro, incluso Amazon, appartengono ai rispettivi proprietari.

L'autore di questo libro non pretende né dichiara alcun diritto su questi marchi, che sono citati solamente a scopi didattici.